宮本常一　山と日本人

山と日本人

宮本常一

宮本常一〔著〕
田村善次郎〔編〕

八坂書房

目次

修験の峯々……9

魔の谷・入らず……13
入らず山 13／天然林から人工林へ 15
白山の畜生谷 17／対馬の茂地 18
不浧の徒聖地に入る 19／女人禁制破る 20
不浄なる故に 21／さまよえる魂 22

消えゆく山民……25
一　第二の住民 26
不思議なる人々 26／『秋山紀行』29
市右衛門の宿 33／死絶した村 38／狩人の奇 39
二　墓標なき人々 41
骸骨のような丘 41／タタラ師の跡 44
鍛冶屋と山民 46／百姓にもなれず 48
木地屋の仲間 50／自然石の墓標 53
軽蔑の眼を逃れて 55／ヒヨウの仕事 58

狩猟……63
一　狩猟法の基本形式 64
日本における野獣・野鳥 64／狩猟法 66
二　罠捕法 67
狩猟用具と捕獲法 67
三　狩人 70
鉄砲の伝来と狩人の専業化 70／マタギ 72／サツオ 74

四　クマ狩　76
秋田県のクマ狩76／新潟県の巻狩78／クラ79
五　シカ・イノシシ狩　80
シカ狩80／イノシシ狩81／狩と犬84
六　狩の作法　84
マタギ祝84／マタギの禁忌86／山の神とオコゼ86
陥穴……89
一　90
二　93
三　96
四　98
木地屋の漂泊……103
山村を追われる者……111
山と人間……117
一　山中の畑作民　118
二　畑作民と狩猟　125
三　狩猟・漁撈・籠作り・造船　136
四　木工民　145
五　山岳民エネルギーの去勢　148
（一）北山一揆149　（二）椎葉騒動150
（三）本山一揆152　（四）祖谷山討伐152
（五）石徹白騒動153
身を寄せ合う暮らし……157
豊松逍遙……163
一　散策の提唱　164
二　豊松への道　167

三　神々の祭　173
四　山に住みつく　178
五　牛の講　181
六　山道をあるく　185
七　高原の文化　189

信濃路……195

山の神楽……201

山村の地域文化保存について……217
一　序―調査の目的と問題点　218
二　第二年目の調査態度　224
三　山村文化振興の諸問題　229
（一）山村文化の意義とその保存対策　229
（二）山村文化と生産基盤の充実　240
（三）山村振興のための文化運動　250

あとがき（田村善次郎）　266

写真提供　周防大島文化交流センター

修験の峯々

日光というと、知らぬものにはただあきれるほどに麗々しく飾りたてた東照宮の建物が想い出される。だがその背後には山岳信仰の霊場としての長い歴史があり、日本文化の重要な側面を教えてくれる。

山は日本の文化のなかに独特の位置をしめている。縄文の遺跡の分布や変遷からもうかがえるように、古くから山岳台地や山地を生活の場として生きた人たちが、もともと日本には多かった。その人たちがまず高い山を聖地として信仰し、修業の場とするようになっていったとみられる。

関東地方だけをとってみても、伊豆・箱根・御岳《みたけ》・三峰《みつみね》・妙義・榛名《はるな》・赤城をはじめ、古峰《ふるみね》・日光・筑波など、長いあいだ人々は山のひだひだや山頂近くの緩傾斜に住み、山を焼いて畑をつくり、野獣を追うて生きてきた。

日光山（谷文晁画『日本名山図会』より）

やがて獲物が減るにつれて人々の多くは山を下り、谷間の沃土をひらいて農耕を主にした生活にきりかえてくる。おそらくそのころから山の高さや峻しさが強く意識されるようになり、山に対する哲学も形をなしてきて、山顛《さんてん》の聖地化が進んでいったのではなかろうか。とまれ、修験を意識しないまでも、山や狩にちなむ祭礼や行事は実に多い。山の文化といったものを考えなおしてみなければならない。

（「あるくみるきく」五九号　日本観光文化研究所　昭和四十七年一月）

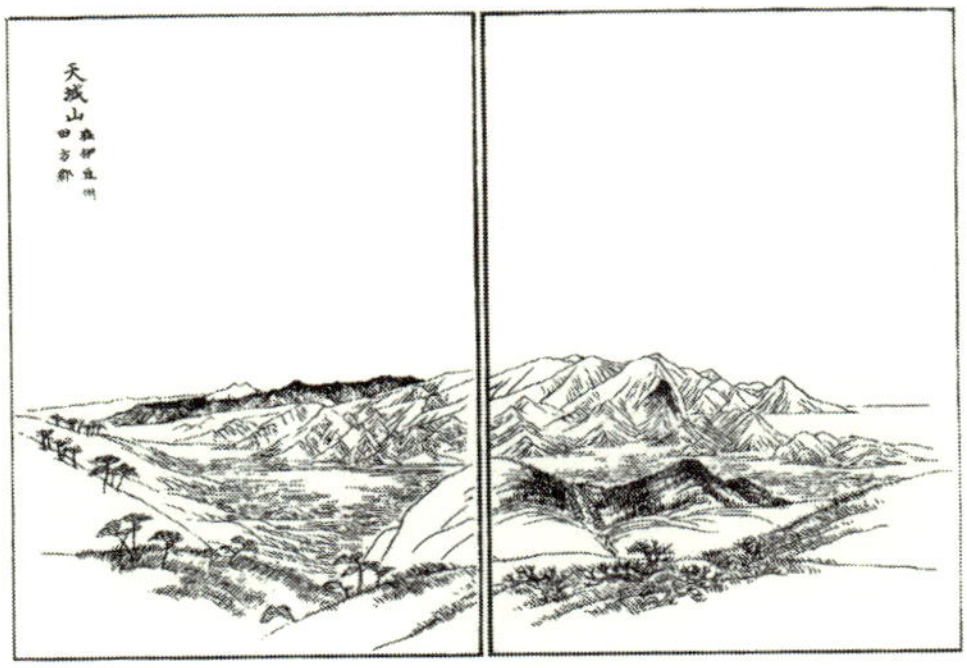

伊豆・天城山（谷文晁画『日本名山図会』より）

箱根山（谷文晁画『日本名山図会』より）

妙義山（谷文晁画『日本名山図会』より）

榛名山（谷文晁画『日本名山図会』より）

赤城山（谷文晁画『日本名山図会』より）

筑波山（谷文晁画『日本名山図会』より）

魔の谷・入らず山

入らず山

「入らず山」や「入らずの森」は聖地であるとか、あるいはその反対に不浄地であるからというようなことばかりでなく、その自然のたくましさが人を畏怖させたことからそうなっていったものもあろう。ひとたび入りこむと、もう出口が見つからなくなるという「入らず山」の話は、四国地方の徳島、高知などでもよく聞くが、まったくの話、剣山の上空などを飛行機で飛んで見ても、そこに見る原始林地帯はまったく広い。そこでは見通しも何もきかないのである。

奈良県大和郡山中学（今の郡山高校）の生徒数名が、先生といっしょに高野山から南へ尾根づたいに縦走し、神納川《かんのがわ》の北の尾根を東へ下って十津川の西岸の上にある山天《やまて》部落のすぐ上の密林の中で遭難したことがあった。密林の中は行けども行けども道がわからず里へは出ることができず、ついに力つきて疲労のすえ倒れてしまったのである。しかもそこからほんの数丁下ったところに山天部落のあることに気付かなかった。出口のない山は、いまはもう遠い過去として神秘的に語られるが、つい近いころまでは現実に存在した事実であった。そういうことから里に住むものはとくに奥山を恐れた。「山七合目から上は神様のもの」とか、神のゆるしをうけねば入られぬとかいう伝承は、中部地方の西部から近畿、中国、四国山中のところどころで聞かれる。

天然林から人工林へ

山口県の滑《なめら》から島根県の吉賀の奥へかけての官林のスギは、まったくすごかったそうである。その巨木ぶりは、十人もの人が両手をつなぎあってやっと測れるほどの大木だったという話まで語り伝えられ、しかもそんな大木はいくらもあったという。それがまたまったく目もくらむように高かった。時にはそのスギの中ほどに雲がたなびいていたこともあった。人々がそれまでそういうスギを切らなかったのは天狗《てんぐ》の宿り木だと信じられていたからで、日常もこの山に入ると天狗に投げとばされるといって、めったに人の入ることはなかった。

その木を国有林の役人は切らせはじめた。しかし、島根県日原奥の人々は誰がなんといってもこのスギ倒しに参加しようというものはなくて、最初の杣人《そま》は岐阜県の山中の者がたくさん来た。猿《ましら》のようにその大きな木にのぼって

島根県日原の製材所（昭和30年8月）

枝をおとし、やがて幹を倒していった。その切株に男が大の字になっても手足が外にはみ出ないほどのものもあった。美濃（岐阜県）の杣人たちは、木を切るとき必ずその木の根に斧をたてかけ、おみきを供えてお祈りをした。山の神に木を倒すおゆるしをうけるのである。そうするとけががないということであった。

この人たちはまた木を倒すと、申しあわせたように切株にスギの枝をたてた。天狗の宿り木だから、代りを植えるという意味であった。土地の人たちはそうした作法を見て、なるほど山の神々をなだめる方法もあるものだと思ったそうである。そして次第に奥山に入り木を切るようになったといわれる。

切り株にスギの枝をたてる（『木曾式伐木運材図会』より）

こうして日本の山は次第に大木を失い、明るくなって来た。ふもとの人間を寄せつけずに、人間界の外の世界としての深山幽谷が恐れられ、多くの「入らず山」や「魔の谷」のこの世に存在したのは、わが国土がこうして隅々まで開拓され、奥山にも人工の樹木が植林される以前の、はるかなる昔の世のことであり、そうした時代の物語だけは今もなお伝説の形で語りつがれているのである。

白山の畜生谷

加賀白山をめぐる山麓の谷々にはとくにそうした話が多かった。この山には畜生谷《ちくしょうだに》というところがあって、そこへ行くと人間が犬や馬にされてしまうということである。ある男が南麓の石徹白《いとしろ》からのぼっていくと、まだ午後四時ごろで日が照ってまぶしいほどだったのが、急にまっくらになってしまった。しばらく闇の中にじっと立っていると、向うに火が見えるのでそこへ行くと家があった。老人がいるのでとめてもらうことにすると、風呂がたててあるから入れという。喜んで湯につかっていると十六、七歳の男の子が背中を流しに来て「私はあなたの家にいた小二郎丸だが、ここは畜生谷だから逃げなさい」という。よく見ればなるほど小二郎丸なので、その言葉にしたがって逃げ出した。そして川があるのでそれを渡ると老人が追いかけて来て、持っていた馬沓《うまぐつ》を投げつけた。それが男のかかとにあたった。気がついて見るとそこに馬の毛がはえていた。男はあやうく馬にされるところであった。老人はその川のところからはもう追いかけては来なかった。

人の住む世界の外は、人間以外のものがそこを管理しているのだという考え方は、もとは広くおこなわれていた。とくに高い山などには、そこを支配する神がいて、人はその許しを得てからでなければ入ってはいけないと信じられていたわけだった。そんな時代には、だから、その禁を犯せばわざわいにあう。そんな話がいくらも伝えられていた。

対馬の茂地

山の中に怪異の多かった話はいたるところにある。そしてその怪異の主が天狗《てんぐ》であったり、狐狸《こり》であったり、白山のような畜生であったりはするが、もともとそこは人間外の世界とせられていたことに間違いはない。そうした世界へ人間が次第に入り込んでいくのだが、それにはやはりいろいろの手つづきが必要であった。日を定めるとか、境をはっきり決めるとか。白山の畜生谷の川もそういうものであっただろう。その境に石を築いて目じるしにする風習も各地にあった。

対島は人の入ってはならない聖地がとくに広かったところで、そこを茂地《しげち》といい、海岸ならば卒《そ》土《と》ヶ浜とか不通浜《とおらず》などと言っているが、島の南端の天道山はとくに霊地として尊ばれ、ここは天道法師をまつってあるというが社殿はない。そして山全体が祭場である。祭場の入口を清輪《すがわ》とよび、神籬《ひもろぎ》(神聖な祭場)を怕所《おそろしどころ》といった。神籬といってもそれは石を積みあげたもので磐境《いわさか》とも標《しるし》の塔とも言った。石を積みあげるほどだから、そこに人が入ったことは事実だが、それはそこに入ってもわざわいをうけない人たちだけであった。仮に一般の人がこの磐境の外を通るときにすら手をあらい口をすすぎ、けがれを去り、榊《さかき》の葉をくわえて言葉を発せず、駕籠《かご》や馬にのる者は下り、道におちたものは拾うことをしなかった。忌中《きちゅう》の者は境外といえども茂地の近くを通ることをゆるされなかった。だからそこには樹木がうっそうとして茂り、昼もなお暗かった。対馬にはこのような大きな聖地の山が北のはしにもあった。そして南と北の二つの山は神としてまつられつつ社殿がなかった。いまも北端の天神多久頭魂《あまつかみたくつたま》神社には社殿がないが、南の社はもとあった観音堂の建物を遥拝所としてつかっている。

不逞の徒聖地に入る

それほどの聖地へ罪人が逃げこむことがあったが、その時はそれを追って捕えるようなことはしなかった。こんな神聖な土地に入り込んでしまったからには自分たちが捕え罰しなくとも、その罪人にはかならず大きなたたりがあるにちがいないと、みんなが信じたからでもあったろう。だが、結果からみると、そういうタブーを犯すような人たちが、それまで人間を近づけなかった聖地を、次第に人間の住む俗地にしていったのである。

対馬のこの天道山の南麓、卒土ヶ浜または不通浜といわれる浦のほとりに、他国の者が早くから来て建網《たてあみ》などをたてて魚をとったのも罪人同様に見すごされたらしい。明治九年には山口県大島郡久賀の漁師が、生い茂る椎《しい》の老木を倒して、そこにささやかな仮小屋をつくって定住をはじめるが、彼らにしてみれば、そこ以外には住むところがなかったからだった。そのころ対島の島民は、他国者を自分たちの村の中に住みつくことをゆるさなかった。だから漁師たちは止むを得ずそういうところを選んだのである。おそらく親村である豆酘《つっ》の人たちは「今にきっと大きなたたりがあるぞ」と思ったことであろうが、不思議にそのことがなかった。そして見る見るうちに大いに栄えて家の数も二〇〇戸近いにぎやかな漁村が誕生した。

女人禁制破る

日本本土の山にもこうして誰彼なしにのぼってはいけないという山々は多く、のぼるとすれば山明け・山開きの日をきめてその日からのぼり、また戸たて・山閉じという日があって、それから以後はのぼらぬことにしていた。それも男だけがのぼって女はのぼらせないという山が少なくなかった。大和の山上岳《さんじょうだけ》は今もこれを守っている。男たちが女を容易にのぼらせない。祟《たた》るとか不浄とかいうことにこだわるのではなく、日本の古い信仰の一つの姿として、そうした場所が一ヵ所くらいあってもよいのではないかというのが、この山を信仰する人びとの気持だが、この戒律はいつまで守られることだろう。

青森県の岩木山なども終戦近くまでは女ののぼれない山であったが、戦地に夫を送っている妻たちが、夫の無事を祈る一念から、夫の写真を肌身につけてこの山にのぼった。女ではあるが男の身がわりだからというのでゆるされたという。そしてそれから女ものぼるようになってきたのである。

女は住むが畑もひらかれず、また墓もたてられぬとされていた広島県の宮島にすら、戦後は開拓者が入って農地をひらくようになってきた。

不浄なる故に

対島北端の豊浦の東に北に向かって長く突き出た半島がある。もともと島であったものが砂洲によって陸につながったものだが、ここをやはり不通浜といっており、その半島は島大国魂《しまおおくにたま》神社の神域として一般の人は行けないこと

島外に設けられた宮島の墓所（昭和46年3月）

になっている。ところが大正、昭和になってこの神域を犯す者が時折あるようになってきた。そこで里人は鉄棒をたて針金を張って人を通さなくしてしまった。景色のよいところで、通りあわせた旅人ならついここへ行って見たくなるのである。だがこうした神域とはまた別に不入地には、そこがけがれなき地だから立入ってはいけない、犯してはいけないというものばかりではなかったものがありそうである。おなじ島のうちの中程の東側に千尋藻《ちろも》というところがあり、西海岸に木坂というところがある。そこにも不通浜というのがあるのだが、それは浦のはずれの岬の向う側にある浜で、ともに死人を埋めに行くところであった。村人はそこに死体を埋め、墓は村のうちに別にたてる。いわゆる両墓制《りょうぼせい》のところだが、死の忌《いみ》をきらうところから、日ごろはそこをおとずれなかったのである。

さまよえる魂

そういうことになると近畿地方のところどころにのこっている「入らずの森」などは、あるいはもとは人を埋葬するところであったかもわからない。大阪府泉北地方には「つくもり」とか「つくお」とかいう地名のところがいくつかある。「つくもる」というのは、うずくまることであろう。もとは皆、森があったようで、夜などそこを通ると急に動けなくなったり、うずくまってしまうのだという。そういうときはたいていウロが身についている。ウロというのは非業の死をとげて往生もできないでうろついている魂である。和泉河内地方の野には紀州街道、熊野街道、高野街道などと、その道のはてには名高い霊地のある街道がほぼ南北に通っており、この街道をあるいて熊野へまいった旅人は平安時代以来おびただしい数にのぼったのであるが、それら旅人の中にはまたその路上で生涯を終えた者も少なくなかった。そしてそれらは近在のものではなく、たいていは中部、奥州など遠国《おんごく》の者で、発《ほっ》願《がん》のことがあって、はるばると旅の日をかさね、志を果たさず、路のほとりに倒れた。行き倒れの者は焼くことなく、たいていは路傍の一ところに埋められた。「ウロ」はそういうところに出たが、そういうところは、またささやかな森になっていた。そして人はそこをぬけることに恐れをおぼえたのである。

こうしてけがれるが故に恐れるというのは、聖なるが故に恐れるというのとたいへん似てくる。あるいはもともとは一つのものであったのではあるまいか。

人が死ぬと、その魂の帰っていく山というのがいくつもある。青森の恐山、山形の山寺、那智の妙法寺山、島取の摩尼山《まにさん》などはそれであり、徳島県の祖谷山《いややま》などもそうしたところではなかったかと武田明氏は言っている。和歌山県の高野山もまたそうした山であった。

（『日本人物語　五　秘められた世界』毎日新聞社　昭和四十四年三月）

青森県恐山（昭和38年8月）

消えゆく山民

一　第二の住民

不思議なる人々

大正のはじめのことである。尾張（愛知県）の瀬戸町にある感化院に、不思議な身もとをもつ少年が、二人はいっていたことがあった。その一人は例のサンカ（山窩）の児で、相州（神奈川県）の足柄《あしがら》で親にすてられ、甲州（山梨県）から木曾の山を通って、名古屋まできて警察の保護をうけることになった。もう一人の少年はまる三年のあいだ、父とただ二人で深山に住んでいた。どうして出てきたのかは人に語らなかったが、とにかくこの少年は三年のあいだ火というものを用いなかったそうである。食物はすべて生《なま》のまま食べた。小さな弓をつくって、鳥や魚を射てとることを父から教わっていた。

春がくると、いろいろの樹の芽をつんでそのまま食べ、冬は草の根を掘って食べたが、そのなかにはいたって味のよいものもあり、年中食物には不自由しなかったらしい。衣服は寒くなると、小さな獣の皮に木の葉などをつづってきたという。

ただひとつ難儀だったのは、冬の雨雪のときだった。岩のくぼみや大木の洞《うろ》の中にかくれていても、火がないために非常につらかった。そこでこういう場合のために、川の岸にあるカワヤナギの類の、ひげ根のきわめて多い樹木をぬいてきて、その根を水でよく洗い、それを寄せあつめてふとんの代りにしたそうである。

サンカといわれる山民のすがたは、三角寛《みすみかん》氏の小説などで世につたわるようになったが、これはかならずしも奇をこのむ文学上の架空の話ばかりではなかった。ひとむかし前まで、冬になるとあたたかい海浜へ出てくる由緒の知れぬ人々があった。伊豆へは奥州から、遠州へは信濃から、伊勢の海岸へは飛驒の奥から、寒い季節になると出てくるといわれるが、彼らがどの道をへて、どのような方法でやってくるかはついぞ明らかでない。というのはサンカの社会には特別の交通路があって、渓の中腹や林の片端、堤の外などの人に出逢わぬところを縫っているから、移動のあとがつかめないのである。

遠州（静岡県）の山寄りの一帯、海抜五、六百メートルもある山村にも、サンカの往来する道は通じているらしかった。この地方ではこの人々のことをポンとよんでいるが、ポンはどの山あいをこえるのか、いままで一年としてこなかった年もなく、いつのまにかちゃんときて小屋をかけ、つつましい煙をあげているのが見られるのだ。

部落からやや離れた山のかげの、樹林をへだてて水のしずかに流れる岸などが、この人たちが好んで住む土地であって、ときに村人が往還をあるいていると、林の下の日あたりに、子どもまじりの人声をきくことがあった。ふつうの里人ならかならず顔を出してこちらを見るのだが、足音を止めると話し声を絶ち、物色しようとすればいよいよひっそりとなるのがポンであった。

磐城《いわき》（福島県）の相馬地方では、この人々のことをテンバとよんでいた。

山の中腹に面したところに、いくつかの岩屋があった。秋もやや末になって、里の人たちが朝おきて山の方を見ると、この岩屋からほそぼそと煙があがっている。「ああ、もうテンバがきている」などというちに、子を背負った女がササラや竹籠を売りにくる。箕《み》などの破損したのをひきうけて、山の岩屋へもってかえり、修繕してきたりもする。つまりサンカは、里の人とすっかり隔絶しているわけでもなかったのである。

若狭《わかさ》・越前《えちぜん》（福井県）などでは、河原に風呂敷や油紙の小屋をかけてしばらく住み、そのへんの竹や藤葛を伐ってわずかばかり工作をした。しかし土着する者はいたってまれで、多くはほどなくどこかへ立ち去ってしまう。路の辻などに樹の枝や竹をさし、しるしを残してゆくのは彼らだった。小枝によって先へいったものの数や方角を、後からくる者に知らしめる符号なのであった。

こうした人々は、いったいどのような生活や歴史をおくっていたのだろうか。

――以上は柳田国男民の『秋風帖』や『山の人生』に豊富にのべられている挿話の二、三であるが、そのほとんどが里の人々の口碑であり聞書であって、純然たる事実として証拠だてることはできぬけれども、しかしひとつの謎につつまれたこととして、これらの人々の存在が現代のわたしたちを深い、怪しい関心へいざなうことはたしかである。

本土から海をへだてて隔絶された離島がおのずと別種の世界をいだいているように、山もまた社会や体制、すなわち都市や平野に住んで広く交流することのできる人々の世界とは異種の、別な歴史や伝奇を底深く秘めていた。言葉をかえていえば、山に生れ、暮し、死んだ人々は国勢調査にも記載されぬ、いわば第二の住民であり、人口であったといえる。もちろん山に住む人々のすべてがポンやサンカといわれる、非社会的な民であったのではない。しかしともすれば神秘的な伝説や好奇の物語でかたられるほど、山民が忘れられ、すてられた存在であったことはポンやサンカとかかわりがなかった。そしてその事情は、現在においてもほとんどかわっていないのである。

『秋山紀行』

忘れ去られた山間の日常生活について書かれたものは、いたって少ない。かりに書かれたものがあっても、その実生活にふれて書いたものはさらに少ない。鈴木牧之《すずきぼくし》の『秋山紀行』は、そうした数少ない書物の一冊としてわたしたちの心にのこる。

秋山というのは、信濃川が信濃（長野県）から越後（新潟県）へ流れ出たあたりの右岸にある山である。『北越雪譜』の著者鈴木牧之が秋山をたずねたのは、文政十一年（一八二八）の九月、桶屋円蔵《おけやえんぞう》という商人がこの地方へ商売にいっているということをきいて案内をたのみ、米、味噌、塩、肴、酒、小布団の類までもって出かけたのである。牧之がここを見ようと思いたったのは、ここが古くから平家の落人の村だと伝えられていたことからであった。

村はずれのシメと高札（『秋山紀行』より）

八日の朝早く塩沢（現南魚沼市塩沢）を出て、十二峠をこえ、信濃川の支流清津川のほとりの小出へ出たのはもう昼であった。そこで昼食をとり、さらに山をこえて、その西の田代へ出た。ここからさきは見はらしのよい裾野を行く。そして夕方やっと野土《のじ》についた。そこの正法院という山伏寺に宿を借り、一泊した。

このあたりの人たちが疱瘡をきらうことは、たいへんなものであった。家々の入口にシメ縄をはり、また疱瘡《ほうそう》を病む者があると、村のおきてとして山に小屋がけしてそこへ病人を出す。そしてその看病人には、それまでに疱瘡をわずらった者をたのんだ。秋山郷の入口の清水川原の村はずれにもシメをはり、高札をたてて、

「ほうそうあるむらかたのものこれよりうちい（へ）かならずいるべからず」

と書いてある。こうした病が村の中へはいると、防ぎようがなかったのである。そして病魔とたたかう力もなかった。ひとつにはそこが処女地であったことにもあるだろうが、人々の暮しも貧しかったことが原因していよう。

清水川原の村は家はわずかに二軒だが、茅葺で、壁というものがなく、茅で四方をかこみ、柱一本も見えない。これはひとり清水川原だけでなく、秋山の村々は四、五十年まえまではすべて掘立家で、柱にはヌキ穴なく、又のある木の先に丸木の桁をわたし、ヌキは細木を縄で結びつけてあった。

清水川原の村の家（『秋山紀行』より）

家ばかりではなく、風物のすべてに文化のにおいはうすかった。一日あるいても道行く人にあうことはなかった。山の尾崎のようなところには畑もひらけているが、それらはすべて焼畑であり、焼畑の中には二抱え、三抱えもあるような麻のごとくまっすぐな大樹が横たわっていた。そして里に遠い畑のそばにはかならず小屋がかけてあった。葺き下げにした小屋で壁はない。昼は男か女がそこにいて、畑をあらす猪、猿などを追うのである。犬も飼っていて、それに追わせることにしている。だからどこの家にも犬一匹はかならずいるのである。にわとりも飼っていて卵をたべることにしている。

秋になると野獣はあまり村に出なくなる。これは木の実、草の実が山にみのってくるからである。木の実、草の実も、じつは六、七十年まえまでは人間もほとんど常食にしていた。すなわち栃、楢の実をとって、アクをぬいて食料にしていたのである。それを焼畑づくりがさかんになって粟や稗を主食にするようになった。わずかばかりの生活の向上なのだが、老人たちは、

「こう奢《おご》りが増長してはならぬに困ったものだ」

となげいているのである。そしてまた、

「まだ古風がのこって酒の、道楽の、女色、博奕は知らぬ」

とみずから誇っている有様であるが、いったいこの山村の人々は、何をたのしみに生きていたのであろうか。

その日常生活を見ても、女は髪をくしけずるでもなければ油をつけるでもない。着物といえば、腕もすねもあらわに見える短い、しかも垢のついたものを着て、ほつれた帯を前結びにしている。

市右衛門の宿

大赤沢から小赤沢へいく途中に、甘酒（天酒）という二戸ほどの部落がある。昔からふえもへりもしないが、それでもそこに住んでいる者はしあわせだと思っている。なぜなら、この近くの大秋山というところはもと八軒あったが、卯年（天明三年・一七八三）の飢饉に死にたえて一軒なしになった。それにくらべれば、甘酒はその飢饉の中をしのいでくることができた。そしていまは食うものも十分だという。それでも雪にうずもれた長い冬はさぞさびしいことであろうと思うが、その雪の中を秋田からやってくる狩人があった。

甘酒からさらに川についてさかのぼっていくと、小赤沢がある。ここはもう信濃国になる。山の尾崎の斜面に点々として二十八戸の民家がある。山おろしが身にしみるので、牧之は夜の寒さを思い、せめて夜具のある家へ宿をとりたいと思って、大きい家へ泊りたいものだというと、案内の桶屋は、

「この村に近ごろ家を新築した市右衛門という家があるから、そこへ行こう。そこには里と同じような夜着があるということだから」

と答えた。このあたりでは桶屋が商売に来て泊るときも、丈の短い布子を一枚出してくれるのはよい方で、着のみ着のままのごろ寝が多いのである。

さて市右衛門の家へいって宿をもとめると、

「米はない、粟飯に茸汁でよければ宿をしよう」

という。それを承知で泥足のまま、筵の上を爪立ちして流し場へいって足をあらい、さて家内を見わたすと、土間住居で、一隅が板敷になっており、そこに寝間があって、寝間の入口は九尺四方、入口には古筵がたれ下っている。勝手はところせまいまでにとりちらし、台所もひとつにつづいて破れた筵がしいてある。地炉《いろり》は五尺四方もある大きなものであるが、それに八、九尺もある大きな割木がくべてある。外の見かけにくらべて家の中はたいへん粗末である。地炉の上には大きな火棚がひくく吊ってある。火棚には茅簀《かやす》を敷き、その上に粟の穂を山のように積んであるのは乾燥のためである。

市右衛門の家(『秋山紀行』より)

火棚の真中に鉤《かぎ》が下げてあり、それに鍋を吊して物を煮る。地炉には火箸さえない。

そこで煮炊きしてたべるものも粗末なものであった。土地の者はぜいたくな食事と思っている粟餅すら、糠のままひいてつくったもので、里の者にはのどへとおるような代物ではなかったが、その困っているさまがおかしいというので、牧之は強いて飲みこんだ。またおかずの秋山名物の粉豆腐なるものも、大豆を水に浸して石臼でひくことは里とおなじであるが、袋ごしもせず殻もとらず、そのままこねかためて沸湯に入れたものである。

便所へ行こうと思って火がほしいというと、姫小松を割った松明にともし、古草履を見つけてくれたのでそれをはいたが、家の者は裸足で便所へいくらしい。便所はすべて野雪隠《せっちん》で、入口には筵や薦を垂らしてあり、戸のあるものはない。

このようなところで何をたのしみに暮しているのだろうか。七十五歳になる市右衛門は、

「おらはただ山かせぎがすきで、毎日毎日夜明けから日の暮れまで家へもどらず、あとの月まではは手足のたつ子供はみな栃ひろいに出した。そうして十月から春までは栃を食い、年中のことにしては粟、稗あるいは小豆を少しずつまぜてたべる。朝は稗の焼餅が多い。それも近年おごりになったため、菜の餡などいれているが、貧乏なものは粟糠に稗をいれて焼餅にしている。しかしここはまだよい方なので、ここからさらに奥へ二里あまりも入った上ノ原、和山などでは、年

中栃が主食で、橡の実をたべ、夏秋時分には雑炊に蕪の根葉をともにきざみ、粟をすこしふりまぜ、家族が三、四人の小人数ならば、稗の粉を雑炊の煮え立ったとき入れてかきまぜたものを食べている。おらの家なんどはこの村でいちばんの上食、商人なんどの泊るときは粟一色の飯さえまいらす」

という。そういうことに誇りをおぼえているのである。つまりそのあたりではいちばんよい暮しをしているというのであるが、それでは他の者はまた何を誇りにし、希望として生きているのであろうか。何のためにこの山中で暮しをたてているのであろうか。

もとは木工を目的としてこの山中におちついたものではなかったか。上納の主要なものは鐁役《かんなやく》であるが、それすらほんのわずかである。そのほかには何のかかりものもない。そのほか春さきに、椹《さわら》の白木でつくった大きな盆を十枚納めるだけである。あるいは年貢や夫役の少ないことが、人々を気楽にここにおちつかせたものか。

しかしこの山中にいても、交易はおこなわれた。麓から商人がやってくるのである。粟、稗、荏《え》（荏胡麻）、木鉢、木鋤《こすき》、樫、檜、松の盤、桂板、椹、白木の折敷、秋は干茸、しな縄を買いにくる。山中の者が里へ出たがらないのは疱瘡をおそれるためである。

ここでは百姓の分家も自由であった。家さえ作って出ればそのまま独立できる。しかし死に絶える家も多い。ことに天明の飢饉には多くの家が死絶した。どしどし分家させてみても何年目かに大きな飢饉があって、そのたびに大半がつぶれる。そういうことをくりかえしつつ生きついできたのである。はげしい自然の中に生きぬいているのであるから、自然の圧迫に対する抵抗もつよいはずであるが、非情な自然はなおこうした人々をおしつぶしてきたのである。

彼らはどんなに寒い夜でも夜具を着ることはない。ブウトウという切れ布子を着たまま、炉べりを枕にし、また炉ばたに横たわり、帯をといたものは着ていたブウトウを身体の上にかけ、炉には大きな割木を朝までたく。そして夜中に眼のさめたものが、割木をつくろうのである。しかし焚火のそばに寝る者は限りがあるから、焚火からはなれて寝る者もあるが、それはカマスの中に入って寝る。夫婦はとりわけ大きなカマス一つに入って寝る。それでも風邪をひくことはないという。

こうした生活の中には、里の村々で見られるような礼儀とか作法とかいうものもない。炉ばたにすわっている牧之のそばに立った若い女は、短いブウトウの裾をまくって蚤か虱をとっている。それもとっては口に含んでつぶすのである。かくしどころも見えるばかりにしてとりつつ、牧之にたいしてはずかしがる風さえない。

そんな有様であるから市右衛門の家で出された夜具といわれるものも、牧之が着ている着物より袖もせまく、丈もみじかくて、寝ると臑《すね》からさきは出る有様であった。それでもいちおう中綿が入っているのであるが、その綿というのが、イラ苧の屑を水にさらし、それを切り、さらに打って、紙をすくように簀に乾したものである。ここには木綿も絹綿もないのである。

死絶した村

小赤沢からさらに奥へいくと、上ノ原という十三戸の村がある。このあたりでは裸足でもどってきても、そのまま筵の上にすわる生活がある。

上ノ原から奥に和山、屋敷があり、さらにその奥に湯本の村があって秋山の谷の人家はつきるのである。和山から奥は生活もいよいよみじめになる。女は幽霊のごとくみだれた髪をかかげ、着物は襟もたけも短く、腕も臑もまる出しなのである。ただ、よく見ると、色は白く、鼻すじもとおり、鉄漿《かね》をつけない歯の白いのが印象的で、若者の心をひかずにはおかないようなみめのよさがある。

この和山と川むこうの大秋山というところが、総秋山の根本だといわれており、大秋山はもと八軒あったのが、天明三年の飢饉に一戸のこらず死にたえてしまった。和山の方ももとは二十二軒、また村はずれの高台の上に二十一軒あって、あわせて四十三軒の大村であったが、これも天明三年に三十八軒も死絶して、五軒のこっているにすぎない。こうした山中では木の実、草の実も多かろうと思われるが、飢饉の惨害は想像に絶してはなはだしいものであった。

湯本はいちばん谷奥の在所であるが温泉があるので、天明のころから湯場をひらき、湯守もおき、湯治の客もあって、上ノ原、和山よりはましな生活が見られるのである。

狩人の奇

秋田の狩人はこのあたりまで熊狩にくる。彼らは背に熊の皮を着、同じ毛の胴乱を前におき、鉄ばりの大キセルで煙草を吸う。まことにたくましい姿である。秋田の城下から三里あまりのところの者であるというが、山から山をわたりあるいてこのあたりまできて、さらに上州草津方面へ狩人だけとおる道を山伝いにいくという。それはふつうの人の思いもおよばないことであった。彼らは熊ばかりでなく川魚もとって、売りながら旅をつづけるのである。

それほどの長旅にも、持物といえば鍋二つ三つ、椀は人数ほど、寝ござ一枚あればよい。着物は日ごろ着ている猪・熊の皮で夜もことたりる。そして山中に小屋がけして、狩

秋山の温泉（『秋山紀行』より）

をつづけながら移動していくのである。その小屋というのが、前に二本の又木をたて、それに桁《けた》をわたし、桁に長さ一丈あまりの細木をならべて、後は土につける。これに木の皮などで屋根をふくと、前と横は吹き放しの片側ふきの屋根ができる。敷物はみな草である。食物はとった獣肉が主で、からだが冷えないから、こんな小屋でも夜がすごせるのである。ときには川原の石を枕にしてねることもある。そのまたねている枕もとを何十匹というほどの狼がとおっていくことがある。

こうした狩人の道のほかに山師の道というのがある。上州（群馬県）草津の東に入山という村がある。ここの山かげ、かしこの谷間に五軒七軒とあって、十一カ所にわたって部落が存在し、これを総称して入山村といっているが、この村は耕作もできず、年中細工物をして暮しをたてている。山師の道というのは、この入山の者が特に奔走する道のことである。彼らの活動範囲は入山界隈だけでなく、山をこえて信濃へも越後へもやってきて、細工に適当な木を見つけると伐りたおして仕事をはじめる。そして曲物、くり物、下駄、枕、天秤棒などを細工する。その生活はまことにきびしいもので、まったく昼夜のわかちさえない。炉には大きな木をたき、眠くなれば、昼間でも勝手しだいに着のみ着のままで寝、夜半でも目がさめると、おきて仕事する。そうした人たちには、またその人たちに適した道がつくられていたわけである。

牧之は湯本で秋田の狩人や入山の山師の話をきいて、そこからまた谷をくだってもどってきた。

二　墓標なき人々

骸骨のような丘

『秋山紀行』は、近世末の山村の生活を如実につたえているものとして興深いものであるが、しかしこのような生活は、ひとり秋山の谷の住民のみがくりかえしていたものではなかった。そうじて脊梁山脈中の人々の生活は、この秋山の人々の生活とあまり大差がなかった。

そしてこうした山民のなかには、残酷な自然と、体制から見すてられた忘却の歴史のなかで、いつとは知れず消えてしまったものも少なくなかったのである。

備中（岡山県）から西、備後、安芸（広島県）、伯耆（鳥取県）、出雲、石見（島根県）へかけて、中国山脈の谷々や小さな盆地の周辺には、山をけずりとって骸骨ばかりになったような丘がいくつも重なりあって、そこを草がおおっているような風景を見ることが少なくない。

そこはたいてい砂鉄をとったあとである。もともとはもっとふっくりした丘であり山であったと思われるが、これらの丘陵は花崗岩から成っており、その花崗岩には多くの砂鉄を含んでいたから、掘りくずしていって砂の中から砂鉄をとり、岩質が出てくると放棄して他へ移っていったものである。こうして丘陵をくずし、砂の中から砂鉄をとる作業を鉄穴《かんな》掘りといった。砂の中から砂鉄をよりわけるには、長いミゾをつくってそこへ水を流し、水に砂や小石をはこばせて、その砂や石を途中でとりのぞきながら、砂鉄を沈澱池に沈澱させる——この作業を鉄穴流しとよび、砂鉄をコガネといった。

　そうした鉄穴掘りのあとの骸骨の丘を見ると、砂鉄をとるためにそそいだ人間の労力の大きさ、むなしさにそらおそろしさをさえ感ずるのである。そしてそれは、千年をこえる久しいあいだくりかえされてきた、この山中の大きな生産でもあった。そのゆえにまた、はやくから多くの人々の定住も見たのであろう。

鉄穴掘り（『日本山海名物図会』より）

　これら砂鉄掘りの人夫たちは、多くは農民であり、主として冬の農閑期のあいだにこの作業をおこなった。山をくずす者は大きなつるはしをつかい、砂をながすものはじょれんを使用した。身をきるように冷たい水の中での作業が多く、労苦もひとしおであったが、この仕事があれば冬もはたらけるので、どうやら一年を食いつなぐことができた。

ところが、こうしてとった砂鉄は精錬を必要とし、精錬には木炭を用い、タタラを利用して風を送ってコガネを溶融し、ズク（銑鉄）を得たのである。このタタラを踏んで風を送る作業は、鉄穴掘りよりはさらにはげしい労働で、百姓かたわらではとてもできる仕事ではなく、はやくから専業化しており、これにしたがうものをタタラ者とか山内者とかいっていた。さてこのズクはさらに鋼にしなければならないが、ズクを鋼にする者を鍛冶屋といった。

タタラは多くの場合燃料の得やすいところにおかれ、燃料の原木を伐りつくしてしまうと、他へ移っていくことが多く、定住はほとんど見られなかった。——これら山中放浪者は砂鉄採取のなくなったこんにち、いったいどこへいったもので

鉄のタタラ（『日本山海名物図会』より）

あろうか。山中にのこる鉄穴掘りのあとから見ても、タタラの数はおびただしいものがあったと想像され、またこれにしたがう労働者の数もおびただしかったものであろう。

砂鉄ばかりでなく、中国山中には銅、銀の出たところも多かった。そしてその歴史も砂鉄同様に古かったのである。

しかもこれら銅鉄採取のもっともはなばなしかったと思われる、中世から近世へかけては、この山中には多くの鉱山町の発達も見られたのではなかったろうか。山中各地に残っている何々千軒の地名がそれを物語ってくれる。しかもこの千軒という地名は単なる空想の所産ではなかった。ただ家が千軒あったか否かは別として、採鉱冶金の徒がそこに住んでいたらしい形跡はいくらでも見出される。そこからはタタラの鉄滓《かなくそ》がたくさん出るばかりでなく、粗末ながら墓ものこっているのである。

タタラ師の跡

広島県の東北隅、島根県と境を接したところに高野《たかの》という町があり、その町の山中、奥三沢というところには、めずらしくタタラ師の仲間の定住した村があるというので、たずねていったことがある。しかし、これはタタラ師たちの村ではなく、鍛冶屋の定住したものであった。

周囲を山でめぐらし、すり鉢の底のようなところであるが、その谷の田も五町歩とはないせまく深い谷であった。そしてここに鍛冶屋がわたってき、さらに定住を決心するようになったのはあたらしいことであった。

それではタタラ師はいなかったかというと、いま住んでいる鍛冶屋たちの知らぬ遠いむかしに、ここにはタタラもあり、また多くのタタラ師が住んでいたらしいのである。谷の周囲の山腹には長くつづいたカンナ溝があり、それがいまは水田の灌漑路にあてられているが、もとは砂鉄の砂をながしていたものであろう。それにも増して、田の上のちいさい丘の大半が、鉄滓でできている事実は、ここにひさしくタタラのあったことを物語る。

しかもこのような鉄滓の山はこの谷のあちこちにあった。いつごろここにきて仕事をし、いつまでいて立ち去ったかは知ることもできないが、ただそれがずっと古いむかしであったことは、山の雑木の茂り方で想像されるのである。

山の中腹から上は、原始林といってもよいような古木が

広島県高野町奥三沢（昭和34年6月）

茂っている。それから下は鍛冶屋がきてから伐ったとしても、鉄滓の量からすれば、そのままのタタラの方が規模も大きく、人もまた多かったに違いない。そして山の上の方まで伐りはらって精錬をおこない、燃料がなくなってしまって他へ引越していったものであろう。そうすると、古木の茂りはじめるころには、この谷には人はいなくなっていたということになる。あるいはこうした去来が何回もくりかえされたことであろう。

奥三沢ばかりでなく、この付近にはこの地に似た地形の谷間がいくつもあり、そこには申しあわせたように、家はなくてもタタラ師の墓がのこっているという。中には三戸五戸と住みついている谷も見かける。奥三沢もその一つで、現在六戸あるが、この地の場合は幕末のころ付近の上里原《あがりはら》から移ってきた。上里原の山にすっかり木がなくなってしまったからである。しかも最初移住してきた者の大半はまたどこかへ行き、六戸だけがのこった。

鍛冶屋と山民

鍛冶屋の仕事はタタラ以上にはげしかった。四十歳をすぎてはこの仕事はできなかった。四十歳から上のものは炭を焼いた。その炭焼きすら、タタラの炭とはちがっていて、タタラ炭のように百姓に焼いてもらうわけにはいかなかった。なぜなら、鍛冶炭はその日に伐った木を、その日にやいて作ったものでなければならないとされたからだ。

朝早く山へいって木を伐り、長さ四尺から六尺にし、大きい木なら割って小さくし、傾斜地にくぼみをつけたところへ、下へは小枝を敷き、その上に枯枝をおいて火をつけ、その上に長さ六尺あまりの木を積みかさね、周りを四尺くらいの木でおおうようにする。そして火が上までもえあがってくると、一尺あまりに伐った木を一面にかけ、それにまで火がもえうつってくると、上から土または粉炭をかけて消す。そして火の十分消えたと思うころに掘りおこし、竹の箕でふるって、土と粉炭をぬくのであるが、そのころはのこった炭も小さくなっている。これを筵一枚でつくった叺《かます》に四、五杯焼かねばならぬ。朝いって、木を伐って焼いて、晩にはそれを背負ってかえるのであるが、鍛冶屋一町場に十四、五人の炭焼を必要とし、鍛冶屋一町場には職人七人がいたから、合計二十人あまりで一町場の経営ができたわけである。

奥三沢には大正のおわりごろまで三町場の鍛冶屋があったから、六十人あまりの炭焼と職人がいたわけで、それに毎日ズクをはこんできたり、鋼をはこんでいったりする者もあって、すり鉢の底のようなところでもけっこうにぎわっていたのである。

いっぽう、鍛冶屋の仕事はズクを焼くサゲとよばれる男が一人、フイゴ吹き二人、大工という焼けた鉄を打つ者と、これに手子とよぶ向う打が三、四人いた。ふいごを吹くだけでも息のきれるような仕事だが、真赤に焼けた鉄を槌で打つのもたいへんな力が必要で、みな真裸で、顔には目ばりをかけ、前に大前垂をして火の粉が散っても怪我をしないようにして打つのである。目ばりというのは紺にそめた布で、芝居の折黒子がかぶっているのと同じ様子のものである。

こうした仲間の移動は、ただ木がなくなるためばかりでもなかった。ときには定住して百姓になろうとした者も少なくなかったようであるが、多くの場合成功しなかった。それにはもうひとつ事情があった。彼らは山を相手にして生きつつ、その山が自分のものでなかったということである。その山はたいてい付近の百姓の共有地であった。タタラや鍛冶屋で木を伐っているあいだはよいが、百姓として定住すると、もう木を伐ることはゆるされなくなった。

百姓にもなれず

奥三沢は、昭和のはじめの不況で製鉄がすっかりやんだとき、失業した労力に眼をつけた島根県上阿井の長瀬富之助というものが、この谷の開墾権を得て、政府の補助金によって職人にひらかせ、自分は地主になった。

上阿井は、奥三沢から峠を北へこえた三里近くのところにある。それまで奥三沢には水田が一枚もなかったのであるが、こうして水田ができて、一戸平均八反ほどを耕作する農民になった。ところがこの仲間は草刈場はおろか、薪山ももっていない。八反の土地にしばられて定住したが、周囲の村のどこよりも貧しく生きねばならなくなったのである。

一般にどこでも鍛冶屋、タタラの仲間は百姓の中へは吸収されにくかった。かりに百姓になっても小作をするのがオチで、耕地をもつ力のある者はなにほどもなく、まして山林はもってなかったから、村の中でも最下層にいるよりほかない。所詮はまた居着いたところを捨てねばならぬことが多かった。かりに定住したとしても百姓だけでは食えず、他人から炭材を買って炭焼をするか、または焼子にやとわれるかであった。また群をなして定住したようなところでは、箕をつくり、簑をあみ、藁細工などして生活のたしにした。こうした村の人々が、農家のものをぬすんだり、農家へつけ火をしたりした話は多かったが、それはこのような生活が背後にあったためである。ぬすみやつけ火は、サンカといわれる人々にも多かったようである。

とにかく山間の農民たちがタタラ、鍛冶屋を村人として迎え入れようとする寛大さをもちあわせていなかったことは、おびただしい数にのぼったこれらの仲間が、タタラのあった付近にほとんど定住していないことでも知られるのであるが、これら職人はいったいどこへいったものであろうか。あとをのこしていないために、現在ではほとんど追及のしようがないのである。そうして山中の農民たちからも、その伝承は忘れ去られようとしている。

木地屋の仲間

タタラ師の仲間に比して、木地屋の仲間にはある種の統制があった。奥山で栃、楢、橅《ブナ》などの木を倒して、それで膳、椀、盆などをつくる仕事は、農耕にしたがう百姓仲間にはいたって縁がうすく、かりに縁ありとすれば、自分たちの所有山だと思っているところへやってきて、勝手に木を伐って木地製作をすることへのいきどおりであっただろうが、木地屋の方はそれを自分たちの特権と考えていたのである。

この特権がひとつの統制を生み出していた。タタラ師には中心になる地がなかったが、木地屋には中心になる地があった。近江国（滋賀県）東小椋村がそれで、そこに君ヶ畑《きみがはた》と蛭谷《ひるだに》というところがあり、君ヶ畑には高松御所、蛭谷には筒井公文所《くもんじょ》という木地屋取締りの役所があった。

木地屋はそのはじめを小野宮惟喬親王《おのみやこれたかしんのう》（承和十一—寛平九年・八四四—八九七）に発するといわれ、惟喬親王は文徳天皇の皇子で弟の惟仁《これひと》親王と皇位を争い、やぶれて比叡山の麓の小野にしりぞき、さらに琵琶湖東岸の山中におちついた。そして大政大臣の小椋実秀《おぐらさねひで》らと木地ろくろの営業をはじめたという伝説がある。ところが、この伝承が織田信長の臣丹羽長秀《にわながひで》、増田長盛《ますだながもり》らに認められて、

「先祖よりありきたりのように諸役を免除し、商売には異議ない」

「惣国中従来どおり商売すること異存はない」

という墨付きをもらったために、いよいよ山中を自由に往来し、全国にわたってこの仲間の活動が見られるにいたり、ついには山七合目以上の木は木地屋が自由に支配できるという伝承さえ生じた。高松、筒井の役所は、そうした墨付の写しを地方の木地屋にさげもたし、また、役所から木地屋のいる村々をまわって寄進をさせることがあって、これを氏子狩《うじこがり》といったのである。

こうして、木地屋には木地屋としてのひとつの共和国がこの国の中に内在していたのであるが、そうした世界にもなお中央の勢力につながるものがあった。ことのおこりはせまい山の中で、しかも山を相手の生産をたてていくためには、後にのべるように山争いがたえず起されてくることであり、その解決が多くの場合、外部の勢力に待たなければできなかったということにある。

この山中には、もとたくさんの木地屋がいた。君ヶ畑、蛭谷、箕川《みのかわ》、政所《まんどころ》、黄和田《きわだ》、九居瀬《くいぜ》の六ヶ畑をまとめて南畑とよび、そこから山越えに北の方に大君ヶ畑《おじがはた》というところがあり、そのあたりにも木地屋が多く、これを北畑といったが、北畑はしだいにおとろえ、南畑が発展していった。そうして南畑のあいだでしだいに山争いがはげしくなっていったが、そのうち君ヶ畑と蛭谷の勢力がのびてきて対立を見るにいたった。

蛭谷はその氏神筒井八幡の神主を西江州の麻生谷から迎えて、祭祀をおこない、後に輪番神主制から定神主制にきりかえた。この神主大岩氏は吉田派神道に属しており、君ヶ畑の氏神大皇《おおきみ》大明神は輪番神主制をとり、神祇伯白川氏の支配下にあった。

しかも寛永のころ（一六二四―一六四四）までは君ヶ畑の方が勢力も強かったようであるが、寛永十年（一六三三）君ヶ畑の小椋吉太夫というものが、君ヶ畑側の由緒のいっさいをひそかに大岩氏にゆずって姿を消した。吉太夫は吉田家から裁許状を得て、小椋信濃とも名のっていたというから、大岩氏とは神道の上では同系であった。このことから蛭谷の勢力はにわかに増してきたようで、このようにして、君ヶ畑と蛭谷とのあらそいは単なる山争いから教権のあらそいに転じていった。なぜなら地方には君ヶ畑に属する白川神祇伯系の木地師がひろく分布していたからであり、そういうところへ、吉田派の大岩氏が出向いて寄進をあつめようとしても、白川の会符《えふ》や墨付をたてにして容易に大岩の言にしたがわず、ついに全国の木地師は二派にわかれて相あらそうにいたったが、蛭谷の方が漸次勢力を増していった。

が、そのいずれにしても、全国の木地師の大半は両所に属しており、どのような山中に住んでいても、近江から氏子狩といって、神主たちがかならず寄進をとりたてるためにやってきたのである。そういう点では、木地屋仲間で近江の高松御所（君ヶ畑）、筒井公文所（蛭谷）の目のとどかぬところにいる者は何ほどもなかったのであるが、里人から見ればまったく縁のない、得体の知れぬ山人として木地屋の姿がうつり、たえず、木地屋と地元民とのあらそいがくりかえされた。

自然石の墓標

しかも良材をもとめて山中に生活する者のこととて、その生活はきわめて低かった。第一彼らは食料にめぐまれなかった。良木良材のあるところは、けっして耕地として適してはいなかった。彼らはどのようにして生活したのだろうか。まず居住地をえらぶと小屋をつくる。それは水の得やすいところであり、小屋は掘立式で、屋根も壁も、茅か木の皮でふいた。そして土間住であり、障子も戸もあるような家ではなかった。人里とはまったく隔絶したところで生活がなされた。

彼らはまず食うために、ミョウガと黒菜※をうえた。山中にミョウガと黒菜のはえているところには、たいていもと木地屋が住んでいたと見てよいのである。そして栃、その他の木の実をとって、さしあたっての食料にあてた。便所はところかまわずそのあたりを利用した、壺などへしておくと、夜半、狼などが塩気のあるものをもとめて飲みにきたといわれる。狼がこないにしても野獣は多くて、夜間戸外へ出ることは危険であり、いろりでは火の気を絶やすことはゆるされなかった。すべてが深い警戒と用心の中で生きて行かなければならなかったのであるが、それにしてもその生活はたえずおびやかされていた。良材がなくなれば居住をうつし、凶作があればまず死絶を余儀なくされた。

近江（滋賀県）湖西山中の朽木谷木地山は、もと戸数が八〇戸もあったものが、天保の凶作には八戸に減ったとつたえられている。筒井公文所の『氏子狩明細帳』には、正保四年（一六四七）に二一八人だったものが、延宝七年（一六七九）には二一人に減り、享保二十年（一七三五）にもなお二六人であるが、元文五年（一七四〇）には一五七人に急増し、享和元年（一八〇一）には一〇人に減っている。このはげしい人口の増減は死絶ばかりでなく、移動にもよるものであろうが、もっとも条件にめぐまれていて、早く定住のおこった朽木谷木地山でさえこの有様であるから、他は推して知るべきものがある。そしてとくに木地師の移動のはげしかったのは、美濃（岐阜県）、越前（福井県）の山中であり、この山中を旅するものは、人住まぬ谷奥の道のほとりにしばしば自然石の墓を見ることがあるが、これは多くは木地屋のものである。

こうして山中を放浪し、野の人々に木地物を供給した人々は、文政八年（一八二五）の文書によると七千戸あったとしるされている。しかもこれらの人々は、明治に入って急速に山中から姿を消していく。

まず山林の所有権が確立してくると、彼らには山林の正式な所有権はみとめられなかった。国有林地などでは土地を与えられて定住した者もあったが、多くは盗伐者として里人からはげしい非難と攻撃をうけるようになる。播磨（兵庫県）西部山中の木地屋たちは、そのためどこかへ姿を消さざるを得なかった。地元に理解ある人がいるところは、そこにおちついて炭焼になったものも少なくない。伊賀（三重県）上野や紀伊（和歌山県）黒江では、この仲間が傘屋の職人に転じて多く定住している。

生活力があって、こうして里人のあいだにとけこんでいけた者はよかったが、その大半はひそかに目のつかぬ世界で消えていったものと思われる。

軽蔑の眼を逃れて

木地屋の話でもわかるように、山中に住む人をいつも孤独に追いこんだひとつの理由は、山麓や平野の人からの軽蔑の眼であった。山の者、奥の者、山内者などとよばれて、融通のきかなさとその貧しい姿が、里人にはもの笑いの種になったのである。農村にのこるおろか村話は、たいていこうした山奥の人を対象にしたものであった。だから山奥の村は多くの場合、里人にたいして背を向けていた。

天竜川中流左岸の村々、いわゆる遠山地方といわれるところも、そうした気風のつよいところであった。ことに静岡県に属する国境の山村などは、本来なら川について下ればおのずから、遠州平野へ出るのだから、その方と手をつないでもよさそうなものを、つい近ごろまで、むしろ山の北側の長野県の方へより多く手をつないでいたのは、けっして地形や地理の関係ではなく、自分たちの村よりはさらに奥の在所につながる方が気楽だったからである。

天竜川は伊那の峡谷の底をぬうて、一路南に下って遠江へはいって間もないところで大きく東に折れ、ほんの二里ばかりのところでまた南にまがる。その南に曲るところから北へくいこんだ谷が水窪の谷であり、むかしはこの谷が、遠江と信濃をつなぐ重要な交通路であった。水窪の町は遠江方の最北の町として、山をこえて信濃へゆくものはここで一息入れた。そのため小料理屋もあれば、白粉をつけた女たちもいたが、それから奥の村々の人はなぜ水窪の町をそれほど目あてにせず、信濃の方へつながったのであろうか。

「水窪へ出ると、奥の者といって馬鹿にされましたからな」

と年寄はいう。そしてそのために、わざわざ二日がかりでなければいけない飯田の町へ物を売りにいったり、また買いにいったりしたのであった。

それらの村々は、深い峡谷の上のほんのすこしゆるやかになったところに、しがみつくように家居をかまえているものが少なくなかった。そして、家のまわりに定畑を持ってはいたが、それだけでは食ってゆけず、遠い山地へ出かけていって、焼畑づくりをして食うだけは食っていた。

静岡県磐田郡水窪町（昭和34年7月）

金目になるものといえば、焼畑あとへ植えたカズであった。カズとはコウゾのことである。焼畑のあとには、これがよくできた。さてそのカズを冬のくるまえに伐って、大きなコシキで蒸して皮をむき、その皮をヘラで黒皮をとって川でさらすのである。深い谷間に下りて、よくさらして白くなったものを乾し、商人のくるのを待った。商人はそこから十五里も北にある飯田からやってくるのである。家にいる者の冬の仕事は、ほとんどこれであった。

このカズが明治のおわりごろからしだいに売れなくなりはじめると、養蚕がさかんになった。生産された繭は、山を北へこえて下ったところにある和田までゆけば、片倉製糸の仲買人がいて買ってくれた。村人たちは大きな桑籠に繭をいれて、背負っていった。

和田へは水窪の奥山家から四里あった。それを一日で往復するには、暗いうちに出かけなければならなかった。荷を背負っての道はなかなかはかどらなかった。それにヒヨウ越の峠の上までの二里は、まったく登りばかりである。

カズは買手がきたが、そのほかのものはみな自分で背負って売りにいったのである。それも売るほど物を持っている人だけである。養蚕がおこなわれるまでは、金もほとんど入ってくることがなかったので、たいていは自給で間にあわせた。食べ物も山畑でつくったアワ、ヒエ、サトイモがほとんどで、米は盆正月といえども食う者はほとんどなかった。病人がせめて米が一口でもたべたいというと、

わざわざ水窪へ出るか和田へいって、ほんの一合あまりを買って竹筒に入れて持ってきて、病人の枕許でふって音をきかせ、

「これが米というものだ」

といったものだという。「そんな話はどこにもある」と聞き手が笑うと、話し手は真剣な顔つきをして、

「あなたはわしのいうことがウソだといいなさるか。現にわしの爺が死になさったとき、親父どのは和田まで米を一合買いにいってきて、竹筒に入れてふって音をきかせた。そうしたら爺が、サラサラええ音のするものじゃの、せめて一口食うて見たい、といいなさって、親父どのが、それこそ、湯に白い色のつくほどの粥にして食わせたら、爺が、ああこれで極楽へいけるといって死んなさった。何のウソをこくものか、この眼で見たことじゃ」

といった。つくり話ではなかったようだ。すこしゆとりのある家ならば粥をたいて食わせ、

「粥までたいて食わせたのに、とうとう死んだ」

となげいたという。

ヒヨウの仕事

食物がそんな有様ならば、衣類も粗末であった。明治の中ごろまでは普通の百姓ならば、麻や木

綿の着物を持つものはなかった。たいていはヤマフジの皮をとって織ったコギノであった。それも一年に二枚もつくることができれば、よい方であった。大きな繊維で手に持っても重いものであったが、そういうものでも着なければまた山の中での仕事はむずかしかった。

しかもなお、そこまでつつましくしても暮しはたちにくくて、元気なものはヒヨウとして稼ぎにいったのである。ヒヨウというのは伐りたおした杉を川へおとしこみ、筏《いかだ》の組めるところまで持ち出す作業をする者である。そしてこの仕事を川狩《かわがり》といった。

天竜川すじの枝川には、こうしたヒヨウはたらきの技術にすぐれた者が多くて、木曽川、大井川、ときには大和地方へまで出かけていった。山から川ばたまでは主に秋の仕事、これを川におとして流すのは冬の仕事であった。これはなんとしてもつらい仕事である。

川に一本ずつ木を流すのであるが、それには特別の技術が必要であった。とくに天竜川の支流は、川床に大きな岩がごろごろと折り重っているのが特色で、そのあいだを水がながれている。しかしその岩のために木は流せるようなものではなかったから、逆にその岩を利用して、岩と岩との間に丸太を横にならべて積みあげ、堰をつくっていく。そして水ができるだけ丸太のあいだからぬけ出さないように、柴などでふさぐ。こうすれば、堰のうちに水がたまって流してきた丸太は浮き、堰を一本ずつ越させて流していくことができる。

水窪の奥あたりでは、一里ほどのあいだにこうした堰を百も二百もつくらねばならなかった。そうして上から上から丸太を流してゆく。トビグチ一本でそれらを操作する。水はきるように冷たい。しかも飛沫をあびて、ときには腰まで浸っての作業である。下半身の感覚を失ってしまうことも少なくなかった。

したがって、とても長く作業のつづけられるものではなく、ときどき川岸に上って焚火にあたった。川岸にはいつも火がもやされていた。火をたくのはテンダイボウズの仕事であった。テンダイボウズというのは、手伝坊主のことである。小さいのは十歳くらいの子どもであった。そのころから川狩の見習いをはじめるのである。

テンダイボウズの仕事は、一個に五合も飯の入るメンパを背負子で負って、川岸へもっていくこと、川岸で大きな火をたいていることであった。メンパを十も十五も負って、岩ばかりの道もない川のほとりを歩いていくのは、子どもには負担の大きい仕事であった。それにも増して、焚火のための枯木をあつめるのが一苦労であった。しかも焚火は作業個所がかわるにつれて、場所をかえてゆかねばならなかった。ヒヨウたちは気にくわぬことがあると、いちいち子どもをどなりつけたものである。子どもは気ちがいのようになって枯木をあつめ、火をたき、ときには茶をわかし、メンパの飯をできるだけさまさぬようにして、大人たちの昼食を待った。

ヒヨウたちは火で身体をあたためる以外は、ほとんど休むこともなかった。トビグチ一本で、かけ声もろともに大きい丸太を堰から下へおとし、おとしたものは水流にのせて流し、一人で手に負えぬものは二人でひく。そうした作業をくりかえしていった。材木は堰から落され、岩にあたり、その両端は丸くすりこぎのようになるまで痛むものであり、また折れたり裂けたりするものもあって、天竜川本流の筏を組むところへ出すまでに三分の一は失われるのが普通である。その上洪水でもあろうものなら、材木のほとんどは海の彼方へまで一気におしながされてしまうことが少なくなかった。

こうしたあらあらしい生活をすごしていると、自ら殺気だってくるもので、なぐりあいも少なくなかったが、それにも増して、四十歳をすぎると神経痛が出て足腰がいたみ、急に年老いてくるのが普通であった。みずからの命をすりへらすようにして生きつつ、それではといって、ほかに選ぶべき仕事はなく、子どもは親の仕事を見ならい、遊びごとにも川狩の真似をし、成長すればみずからその仕事仲間に入るほかなかったのである。そうして木を筏にくむ土場まで出してしまえば、また川をさかのぼって奥の村へかえっていく。村に仕事がなければよそへ出かけていってはたらいた。

数年まえ、トラックのとおる林道が谷奥に通ずるまで、この山中にはそうした生活がつづいていた。そして自分の力では、その生活をきりかえることはできなかった。ところが林道ができると、山中の人々が最初におぼえたものは、浪費であった。町にあるものはなんでもほしがったし、映画も芝居も機会をのがさず見るようになった。それで財産を減らした者もあった。しかし、それは鬱屈した力と感情が爆発したひとつの姿であった。奥の者として軽蔑されていたものを半ばあきらめに似た気持で受けていたものから、もう奥も里もないということを示すたった一つの手段であった――と物のわかった老人は見ている。

(『日本残酷物語』第二部　忘れられた土地　一九六〇年　平凡社)

〔註（本文中の※）〕

53頁　黒菜　アブラナ科の草本にクロナというのがある。方言にハルナ、フユナなどがあり、宮崎ではジナ、福岡・大分ではクロカブなどといっている。熊本県小国町岳の湯で温泉熱を利用して栽培し伝統野菜として売り出しているクロナは、コマツナから分化したものというから同系のものであろうか。宮本先生の『吉野西奥民俗採訪録』の大塔村の項に「マカズナ　焼畑には弘法大師が唐から持ってかえったという、マカズナという蒔かないで生える菜がよく出来る。クロナともコーボーナともいっている。木を伐ると春先生えて来るのである。大変うまい。小さい蕪がついていて、これがまた甘い。秋葉も味がよい。また出作り小屋をすると、その周囲へ茗荷がよく生えたものである。持って行って植えることもあったが、この二つのものは不思議といってよいほど人を慕うて生えた。」とある。また、『綜合日本民俗語彙』には長野県王滝村二子持に伝えられて来たマカズナの話を紹介している。これは麻畠の後に生える蕪菜で、コウボウナともいい、弘法伝説を伴っている。

狩猟

一　狩猟法の基本形式

日本における野獣・野鳥

日本民族が真の狩猟時代からぬけ出たのは弥生式文化の時代であると思われる。島であり、他から動物の入って来る機会の少ない条件の下にあって、人口がふえてくると、人間と食料としての動物のバランスがこわれてくる。つまり食料の方が比較的少なくなってくる。そうした場合、人口の現状維持は困難になる。そこで、人口減少によって食物とのバランスをとるか、または他の手段で食料を得なければならなくなる。

日本の場合は他の手段、すなわち農耕をおこなうことによって食料を増大し、かつ人口増大の道をたどった。この農耕は水田耕作を主としたものであるが、台地・山間地方においては焼畑を主とした農耕も存在したと考えられる。

しかしそれからのち、農耕のすすむにつれて食用動物が全然いなくなったのではなく、比較的少なくなったというだけであって、今から、七、八十年前までは、野獣・野鳥はまだきわめて多かったのである。そしてそれらの狩猟も盛んにおこなわれていたが、それは常食の一つとして確保するというよりも、害鳥獣の駆除の意味が大きくなっていた。

日本における野獣にはクマ・カモシカ・シカ・イノシシ・ウサギ・タヌキ・サルなどが多く、野鳥として狩の対象になったものには、カモ・キジ・ヤマドリ・ツグミなどが多かった。

野獣の中には群をなして移動するイノシシ・シカのようなものもあるが、もともと日本にはユーラシア大陸に見られるような大草原がないので、野獣の大群が広野を行くというような光景に接することは少ない。そういうところでは、馬上で弓をひきつつ、野獣の群に矢をいかけて獲物をとるために、狙いうちをするようなことは少なく、腰のつよい短弓で獲物を射かけるのが普通であったが、日本でそのような弓が大して用いられたらしい形跡のないことから見ると、そういう狩猟は大して発達していなかったと思われる。しかし縄文式遺跡から発見される獣骨の九割までがシカ・イノシシであって見ると、その時代には、群棲する動物をとることにもっとも力がそそがれたものと思われ、また長野県八ヶ岳地方の草原地で、これまで多くの石鏃が発見せられたことからすれば、日本でも草原地では、アジア大陸におけると同じような狩も少なからずあったと思われる。源頼朝による富士裾野の巻狩なども、そうした、狩猟法の一つだったと思われ、また関東地方にも狩に適した原野のひろかったことが想像される。

狩猟法

しかし日本で用いられた弓は早くから長弓であったようだ。そのことは支那人の目にも映じていたようで、支那ではその東に隣する未開の民族を東夷とよび、日本もその中に含まれているのであるが、夷とは大弓を一つにした字であって、東方の未開人たちが大弓を用いていたことを意味するのである。

元来大弓は、森林地帯に発生したものであって、中部アフリカ・東南アジア・インドネシア一帯に用いられているものである。弓の腰は弱いけれども、狙いうちに適する。したがって日本には原野をかけまわって獲物を追う狩のほかに、獲物の来るのを待って、それを狙いうちする狩の方法が発達していたと思われる。

木の枝に設けられた足場（『粉河寺縁起』より）

平安時代の終りころ書かれた『粉河寺縁起』の絵巻には、木の枝の股になったところに板をかけわたして、その上に人がたち、樹枝のしげみの中にかくれて鹿を射ているところがある。この獲物を狙う足場をマタギとよんだといわれるが、東北地方では、狩人のことをマタギと言っており、四国の山中ではマトギと言っている。今も民間の狩猟法は勢子が大ぜいで獲物を追い、射手は一所に待ちうけていて、うちとる方法をとっているところからすると、日本の狩猟法は北方的なものよりは、南方的な要素が多いと見られるのである。と同時にこのような狩猟法のおこなわれているところでは一般に牧畜が発達しないで、狩猟から農耕へとすすんでいるのである。

しかし、ヨーロッパ文化の基盤をなす狩猟—牧畜—農耕の系譜が日本にないわけではない。東北・関東・中部の山麓や台地にはそのおもかげを見ることができる。

二　罠捕法

狩猟用具と捕獲法

以上は弓を通じて狩猟方法の基本形態を見たのであるが、このほかに狩猟用具として、投槍や石が用いられている。投槍は狙いうちというよりは追いかける場合に多く用いられるが、兎のようにしばしば立ち止まる性質の動物をとるのには便利であった。

罠《わな》もまた多く用いられている。罠も森林地帯の狩猟法の一つである。その罠は動物の通路にもうけるのが普通であって、木で柵または枠をつくって、動物が中に入ると扉のしまるようにしてある。奥三河などには、この方法の罠を方々に見かける。

おとし穴もまたよくつくられた。穴の直径は六尺くらい、深さは二間くらいで、その上に細い木をわたして、萱《かや》草《くさ》などを敷いておく。野獣が一歩でも足をふみこめば、おちこんでしまう。穴の底には竹の先をとがらせたものを一面にたてておいて、獣がおちこむと傷つくようにしたものもあった。猪の多い山家ではこうした穴をいたるところに掘っていて、時には人間のおちこむこともある。危険が多いので、中止を命ぜられ、今日ほとんど見られなくなっている。

クマのわな「オシ」(『日本山海名産図会』より)

九州日向山中では、ヤマ猟といって、手頃の杭で一坪あまりの棚をつくり、その上に重い石を積み、下にサヤのままのアズキを餌として入れ、それを食べていると上の棚がおちて来て圧殺せられるようになった仕組のものがある。南信濃ではオシと言っている。

また木を麻縄・藤づるなどでたわめておいて、その一端に輪をつくっておき、獣がその輪にふれると、たわめてある木がはねて、獣の首なり足なりをしばりつけ、はね上がるようになったものがある。三河では、この原理によった罠をハネワと言っている。

このほか罠として網も用いられた。どういう網があったかわからないが、享保十年(一七二五)三月二十七日の小金ヶ原(千葉県)での将軍吉宗の猪狩に際して、

「猪鹿生取突留メ候数不知、積高大概七八百程御座候、其外山谷手をい候猪合せ候而ハ千程も御座候。御鷹方三十二人ニ而突留メ候猪共六疋、其外突捨生取すて置候数六七疋も御座候。御網に掛り候猪六七百御放シ被成候、其外網の外ニ千疋程御座候、皆御放シ被成候」

とあって、今日のわれわれには想像もつかないほど多くのイノシシのいたことが推定せられるのであるが、そのとり方の中に網捕が見えている。多分樹間を利用して葛《かずら》など利用した丈夫な網を張ったものではないかと思われる。ただし、これは右の文にも見えるように、イノシシが大量にいるときに捕獲法として利用せられたものか、記録その他の伝承にあまりのこっていない。

三　狩人

鉄砲の伝来と狩人の専業化

もと野獣は村人全体が総出で追いまわしてとったものと思われるが、江戸時代に入ると狩をおこなうものは次第に専業化して来る。これは獲物が少なくなって、すべての人がこれに参加するほどのこともなくなったが、作物をあらし、また家畜などに被害をあたえるだけの数量はいるという場合に、大ぜいにかわって獲物を追いかける者がいなければならないからである。三河鳳来寺の一つ家で、イノシシ一つとってくれるなら酒の一升を出そうと言った。すると、狩人がイノシシをかついでやって来る。そのたびに、洒一升分の価をはらったが、屋敷まわりのイノシシは少しも減らない。だんだん様子をさぐると酒代欲しさに、とんでもない遠方からわざわざ廻り道してやって来ることがわかったという。一般農家ではイノシシをとることができないから、狩人にそれをたのまねばならぬが、それすらこういう結果になった。

今一つ狩人を専業化させたのは鉄砲の伝来であった。東日本では、投槍が長く用いられていたが、西日本では、早く鉄砲が猟具になった。弓は早くすたれたようである。アイヌ人は、トリカブトの毒を鏃《やじり》にぬって獲物を射て容易にこれをたおしたが、日本人の間では、毒矢を用いることは少なかったと思われる。元来、日本には毒の使用はきわめて少なかったようで、暗殺などの歴史について見ても、毒を盛るということはそれほど多く見かけない。したがって野獣をとる場合にも、矢の効果は比較的少なかったと見られる。なぜなら、大きなクマやイノシシが矢一すじくらいでは、簡単に死ぬものではないからである。

ところが鉄砲の伝来は、単に戦争に革命をもたらしただけでなく、狩猟の世界にも大きな変化をもたらしたのである。ということは鉄砲は有力な武器であるから、これを一般の人に容易に持つことをゆるさなかった。各地における鉄砲の所有状況について見ると、かなり厳重な制限があったらしく、たびたびその取調べがあり、また届け出がなされているが、萩藩や広島藩では、庄屋その他長百姓の間に所有する者が多かった。また紀伊新宮附近の山間でも、旧郷士のうちに所有がみとめられていた。つまり村内でも身分の高いものでなければ、所有はみとめられなかったわけである。しかし野獣の多い三河・信濃地方では、長々と鳥獣の被害状況について書き、その防除のために鉄砲の所持をしている旨をしるしている。つまり狩人が持っていたのである。したがって、平野海岸地方とは、その所持状況に異なるところがあるが、目的が何であるにせよ、一村で鉄砲を持つ家が五戸をこえることはほとんどない。ここに鉄砲を持つ者がおのずから特殊な位置を保つことになる。と同時にこの仲間のみが、鉄砲を用いる技術をも身につけているわけであり、狩の場合にも勢子と射手とが自らわかれて来ることになる。

もと狩人も百姓も大して区別はなかったと思われるが、こうした鉄砲の制限が、狩人と百姓の間に差をつくっていったと思われる。ということはクマの地帯ならば、そこに住む人々は多くは一村こぞって狩をおこなったのであろうが、武器の所有いかんで、一つの村の中にさえ、差別ができて来ている。たとえば新潟県三面《みおもて》では、明治時代までは、一村クマ狩に参加していたのであるが、ここでは久しく鉄砲を用いず、投槍でクマをとっていたのである。

マタギ

ところが、秋田県荒瀬村根子などは、もと十八戸あり、いずれもマタギであったというが、現在マタギの家は少数になっている。この村のマタギは、クマノイを秋田藩御製薬所に献上したことから、特殊の地位を得ていた。つまりそれによって鉄砲を持ち、山々を狩して歩き、証文を持たない者が狩をした場合は、その獲物をとりおさえてもよいというような条件を藩から与えられている。もとより獲物には限りがあって、地元でとるだけでは、やがて底をついて来る。そこで次第に遠くの山へ出かけるようになる。こうして鉄砲を持った者が山から山へとわたり歩くようになっていった。したがって銃砲を持たぬものは、根子部落でも次第にマタギの仲間からはなれていった。

新潟県三面の人々もクマを追うて各地を歩いた仲間で、明治時代には近畿地方の山中まで移動したといわれている。そしてクマノイを売って金を得たのである。

ところが明治に入って、カモシカが禁猟になったり、方々に留山ができると、狩人の活動範囲はせばめられて来る。根子のマタギたちはそのために、薬の行商に転ずるようになり、もとからマタギをおこなっている者以外はすっかり行商者にかわったのである。

クマ狩仲間に比して、イノシシ狩の仲間にはそれほどつよい専業化が見られない。これは一つには獲物の性質にもある。クマはクマノイをもっており、それは古い時代にはもっとも貴重な薬の一つで、ほんの少量でも、きわめて高価に売れたから、獲物の減少とともにこれを追うての移動が見られるようになったのである。これに対

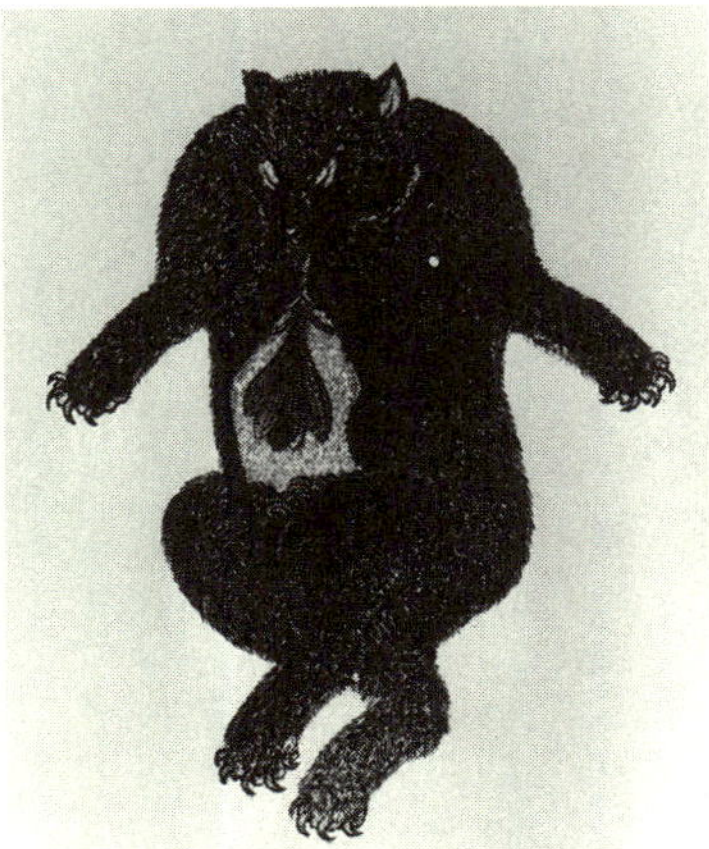

クマノイの所在を示す図（『熊志』より）

して、イノシシの場合はその毛皮が主として皮靴として利用された。イノシシの大きさをはかるのに、ロクソクなどというのはそれで、一頭で皮靴六足分とれることを意味する。

狩人のことをマタギというのは、東北地方も秋田地方が主のようである。さてそのマタギは通常「山立根元記」という由来書を持っている。これには、

「萬治萬三郎という天智天皇から十七代の子孫が、清和天皇の御代に日光山の麓にながされた。そのころ日光山権現と赤城明神とが度々合戦をされ、赤城明神は十八丈の大蛇になって日光権現をまかしてしまう。あるとき権現が白鹿に化けて出た所を萬三郎が見つけて射かけ、三日もあとを追ったが矢があたらない。不思議に思って日光山のお堂の前までゆくと鹿はたちまち権現になって、萬三郎に二本の神矢をさずけ、赤城明神を射てくれるようにとたのむ。萬三郎は矢をいただいて、大蛇の両眼を射た。その功によって日本国中の山々どこへいってもよい事になった」

とかかれており、日付は建久四年(一一九三)五月中旬になっている。もとより偽文書であるが、それによって家の格式をほこり、またこれを持っている者が多くクマ狩をおこなっているのである。

サツオ

このような文書は西日本ではほとんど見かけない。しかし、西日本でもクマのいるところには根元

記に通ずる伝承はあったようである。とくに高野山の南につづく山岳地帯は古くからクマ・イノシシ・オオカミなどが多く、したがって狩人も多いところで、古狩猟の技がつたえられ、腕ききの狩人の名も記憶せられている。ここでは、そのような老練な狩人を薩夫《さつお》と言っていたことが「猪狩古秘伝」に記されている。

サツというのは狩に関係のふかい言葉である。シャチまたはサチとも言っているが、幸と書いてサチとよむのと通ずるものがあり、木曾では狩人の幸運そのものをシャチとよび、三河・遠江にかけてもシャチを一種の力のように信じ、弾丸が獣にあたるとシャチがむいたといい、猟運がわるいとシャチがきれたと言っている。また獣を射とめた弾丸をシャチダマともよび、獣の身体の中からぬきとって、これにまた新しい鉛を加えていくつも弾丸をつくる。これをもシャチダマと言っているところが、木曾・三河をはじめ、大隅方面にもある。

また弾丸のはまりこんだ木は、シャチ木とよび、遠江・伊豆地方では、この木を船材に用いると船が幸運にめぐまれるとも言って、船大工たちは尊んでいる。

こうしたシャチなるものは、山の狩猟神をも意味していて、狩人の信仰する神をシャチ神といっているところは、中部地方から東北までの山中にのこっているのである。越後地方では、サガミと言っているが、これもサチガミの約されたものと思われる。

ところが高野付近では、前記のごとく、狩人自身をもサツオと言ったのであるが、この地方はもと狩の中心地の一つであったらしい。イノシシ・クマ・シカ・カモシカ・オオカミなどの特に多かったところで、狩についての伝承がきわめてたくさんのこっている。そして日光を中心にした萬治萬三郎の伝承を持つ狩人仲間を日光派と言ったのに対して、この方を高野派と言ったといわれ、日本での狩猟の二大流派だと信じている狩人も多い。

しかしながら、その狩猟方法にどれだけの差が見られたかは明らかでない。むしろ狩猟方法はクマ・イノシシなどと獣によって差が見られるようである。

四　クマ狩

秋田県のクマ狩

クマ狩について秋田県荒澤村根子のものを見ると、村の中にいくつかのマタギ組があり、それぞれ頭になる者の名をとって善兵衛組・伊之助組などとよび、一組十七、八歳から六十歳くらいまでのもの、七人から十五人くらいで仲間をつくっており、その狩場は男鹿半島・鉢森など、秋田藩内の山をはじめとして遠く群馬県藤原・越後山脈の山中、黒部川流域山中、長野県の山々を経て、ときには奈良県にまで足をのばしたといわれる。しかし奈良県では雪の少ないことと、笹の多いことで失敗したというから、やはり北と南ではクマのとり方もちがいがあったかと思われる。

遠くへ出かけるときには、そこに知りあいの農家ができていて、そこを宿にして山に入ってゆくのである。

クマは主として春さきにとる。クマ穴を見つけることが第一で、山中を歩いていて穴を見つけ、人数が少ないときは、穴へトメギをあてがって人の来るのを待つ。また穴を見つけて、忘れないために、立木にケズリをつけることもある。

クマが穴の外へ出ているときは、マキヤマをする。クマをとるのにいちばん都合がよいと思われるところを一のブンパ、次を二のブンパ、三を三のブンパとよび、それぞれのブンパで狩人が待っているところをタジマエという。シカリとよばれる

洞中のクマを捕る（『日本山海名産図会』より）

狩の巧者なものは、たいてい一のブンパで自分のタジマエをきめる。ヒコ（勢子）は「ホリャホリャホリョウホリョウ」とよびながら、クマを下から岩崖においあげてゆく。一方、谷をへだてた反対側の山にも、ムカイ山と言って人がおり、クマの行動を見ていてヒコに知らせてやる。そしてクマが岩崖をのぼりはじめると、タジマエに射ち方を指示する。クマが笹をふみつける音がしてくると、狩人は口笛をふく。するとクマはたちどまる。そこを射とめるのである。そしてクマがころんでおちたと見ると、うった者が、「ショウブショウブ」とさけぶ。

分配にあたっては、最初にうった者が頭をとり、あとは平等にわける。この頭の皮で袋をつくり、ガサイレと言って持っている。

新潟県の巻狩

新潟県湯之谷村での巻狩も荒澤とよく似ていて、ムカイ山にあたるものをミアテとよび、反対側の山のヒラからクマの行動について指図する。狩人は鉄砲方と勢子にわかれ、タジマエのことをヤバとよび、シンヤバと、二番ヤバがある。もとは弓で射たことを意味する。さて勢子がミアテの「オーイ」とよぶ声に呼応して、「オーイ」といいつつ行動を開始する。そしてミアテがクマを見つけると、クマの行動について一々声でしらせる。勢子はそれによって声をたてつつ、クマをヤバの方へ追いやっていく。ヤバに待っていると、いちばんはじめにクマの姿の目に入るのはその耳である。山腹の下の方にクマの耳がヒカンヒカンと動いているのがまず見えて来る。鉄砲方は絶対に動いてはならない。動くとクマはにげてしまう。鉄砲方はクマが三~四間に近づくまで、待っていてうつ。もしうちしくじると、クマは下へにげおりる。すると勢子たちはサワナリとて、しきりに声をたててクマを追う。クマはまた上へのぼりはじめる。今度は勢子たちは二番ヤバの方へおいあげてゆくのである。

クラ

クマのあそんでいる場所をクラという。狩倉のクラも同じ意味のことばである。狩人たちが、クマ狩をするときにはたいていこのクラをさがしてまわる。四~五月ごろに、クラに出てあそぶことが多い。これはクラに食物があるからで、そこにはヒノキ・マツ・スギなどが茂っている。

クラをまくというのは、そのクラにクマがいるか否かをさがしあてることで、一つの場所を半分くらいまでさがさないと、クマのいることがわからぬから、一日にせいぜい三つのクラをさがす程度にすぎぬという。湯之谷村では、一つの狩組が十くらいのクラを持っているから、一まわりするのに三日ほどかかるわけである。

クマは巻狩によってとるだけでなく、穴にいるクマをとることが多い。穴と言っても、七尺くらいあれば深い方で、たいてい岩をはじめナラ・ブナなどの木のうろにいる。それを穴の中からおびき出してうつのである。いちばん容易なのだが、これも春さきにこのとり方をする。吉野熊野地方では巻狩は少なくて、穴グマとりが主であった。木がよく茂って見通しが十分にきかないからであろう。

クマはたいてい一頭ずついる。ときには子をつれていることもあるが、群になっていることはない。しかし大きい動物であるから、急所をうたない限り、一発でしとめるのは困難であり、それだけに危険が多かった。だから射とめたあととどめの丸《たま》をうちこむことがあった。

五　シカ・イノシシ狩

シカ狩

クマが多く一頭でいるのに対して、シカ・イノシシなどは群になっている場合が多い。三河山中の動物の生態は『猪・鹿・狸』にいろいろ記録せられているが、引鹿の話など特に美しい。

「梅雨が明けて山の緑がいちだんと濃くなった頃には朝早く幾組かの引鹿が通った。引鹿とは夜の間里近くに出て餌をあさったのが、夜明けと共に山奥へ引揚げるそれをいうのである。あたかも、その頃は鹿が毛替りして赤毛の美しい盛りであった。それが朝露をおいた緑の草生を行くだけに、ことに目をひいたのである。五つ六つあるいは十五、六頭も列をなして、山の彼方此方を引いてゆく光景はたとえようもなく見事で、中には子鹿を連れて居るのもあった。あるときなど、次々にひいてゆく鹿を全体どれだけ居るかと、目に入るだけをかぞえ立てたら、四十幾つにもおよんだ事」

があったという。明治の終りころの話である。

シカは日本全体にわたって多かった。昔は津軽海峡を群をなして北海道から下北半島へシカが泳ぎわたったものだとも言われ、下北の恐山にはそうしたシカが多かったというが、ずっと南の鹿児島県の屋久島まで、いたるところにすんでいた。屋久島のシカなどもよく海わたりをしようとして海岸からおよぎ出るが、隣の種子島までの間が遠くて泳ぎきることができず、また引かえして来るところを捕える数も少なくない。土地の人はこれを海シカといっている。

イノシシ狩

イノシシは、シカに比してさらに多かった。小金ヶ原のイノシシ狩は先にも書いたが、イノシシは子を生む数が多く、増えるのもはやかった。昔は安産の呪にイノシシの絵をおくことさえあった。

しかしイノシシは、北の方には少なくて、関東平野、中部地方の南半、近畿以西に特に多かった。対馬などはその代表的なところで、長い間島民はイノシシのために苦しめられつづけて来たのを十八世紀の初め、この島の行政家として数々の功績をのこした陶山訥庵が、綿密な計画と莫大な努力をかたむけて、ついに絶滅させてしまってから、今日までイノシシの被害はなくなった。九州も各地にイノシシが多く、千匹猪塚というのが各地にのこっている。

四国・中国・近畿もまた多く、播磨山中などは今度の戦争中からおびただしく増えて、何十頭もの群が山中を嵐のような音をたてて移動しているのをしばしば見かけたという。シシ垣のもっともよく発達しているのもこの地方で、山中にいたるところに見かける。

稲を荒らすイノシシ・シカを狩る（『薩摩版成形図説』より）

こうしたシカ・イノシシなどの狩は、クマとはまた少しおもむきを異にする。とくにイノシシはその通路が一定していて、その道をウッ・ウチ・ウジなどと言った。そこに罠をつくっておけばとれるわけでもあるが、別にそこで待ちうけていてうちとるウジマチというやり方もある。

またイノシシは毛ジラミを多く持っているもので、水のたまっているところで、からだをこすって毛ジラミをおとすことが多い。そうした湿地を通常ヌタ・ニタ・ノタなどとよび、イノシシが、そこでからだをこすることをノタをウツという。「のたうちまわる」という言葉はそういうところから出たと思われるが、そうしたところに待ちうけていて、うちとることもある。これをノタマチという。

このほかクマと同じように、マキ狩をすることもある。九州では狩の場所をカクラと言っている。イノシシがカクラに入ったのは、足あとで見わける。トギリ（探査係）がこれを見つけると、それぞれイノシシの通りそうなところへ狩人をくばり、各自がその位置についたころを見はからって、斥候が犬をつれて、イノシシの足あとを追いつつカクラに入る。斥候はたいてい犬をつれており、犬をカクラへ入れると合図に竹笛をふく。犬はイノシシを見つけると格闘する。そのとき見はからっていて、イノシシをうちとる。小さいイノシシならば犬がかみころす。もしイノシシをにがすと第二のカクラでまた獲物を狙う。

狩と犬

シカはクマやイノシシのような危険性も少なかったから、うちとるのは容易であった。しかし、百姓の手にはなかなかおえなかったから、狩人の助けをかりた。そして勢子を必要とするような場合には村人も出ていったのである。しかしたいていは犬を利用するだけで獲物をしとめることができた。

このようにして、シカ・イノシシをはじめ、中小の野獣をとることの多い西南日本では、早くから犬を使用していたが、それがまた狩人の人数を少なくさせる動機にもなったようで、西南日本では、大ぜいで巻狩をすることは近ごろは比較的少なくなっていた。

六　狩の作法

マタギ祝

狩には狩の作法があった。それはクマ狩地帯でとくに厳重にまもられている。理由はいろいろあったが、①直接危険から身をまもるため、②つぎつぎに獲物を手に入れるため、③獣の霊のたたりのないようにするためであった。

新潟県北蒲原郡赤谷村では、新参者がはじめて狩山に入るとき、マタギ祝とよぶ成年式をおこなっているが、これなど興味ふかいものである。この行事は太夫（狩組の次位者）が中心になっておこなうもので、参加者は裸になって川で水ごりをとり、山小屋にもどって綿入をきる。そして式のはじまるときに、太夫はクマ皮を裏がえしにして袢にし、ビクをかぶって烏帽子にし、一同に、

「今日は某が山の神様のお弟子になるからよろしくお願い申します」

といい、つぎにマタギにかかるものを炉辺にすわらせて、その者の男根のさきへ小さな縄をかけてかるくくくり、この縄を自在かぎにかけて向い側の炉辺にたてた木の鳥居の中をくぐらせ炊事係の者が持つ。太夫はホドムシリとよぶ火箸二本を手に持って火中にいれ、出してから曲物に入れた水の中できよめて、その男の男根をはさみ、

「奥山の獅子の仔は頭割られてグラリグラリ」

ととなえ、つづいて、

「おびき出せおびき出せ」

という。すると炊事係がその縄をひっぱり、一同そのままの着衣で山の神へまいり、山の神にそなえたオミゴク（握飯）をいただいて式をおわる。

マタギの禁忌

一般のマタギの山入の場合は、一週間まえから水ゴリをとり、禁慾し、女はオハグロをつけず謹慎する。山入のまえにはスカリの家にあつまって山の神をまつり、山に入るときにはスカリは巻物を持ってゆく。そして山小屋へつくと、スカリが草鞋《わらじ》をとらないうちに他の者が薪とりをする。山小屋に入ると、スカリは上座にすわり、巻物は山神様にそなえる。山小屋の火は火打石でおこし、山小屋へ入ると山言葉を用いる。山言葉は山の中のみで用いるもので、里では用いなかった。里で用いると効力をなくすると考えられた。また山中で里言葉を用いると、水ゴリをとらねばならなかった。そのほか禁忌がきわめて多い。

山の神とオコゼ

また獲物を容易にとらせてもらうために、山の神にオコゼをそなえる風が各地にある。これも西日本では狩人が紙につつんでオコゼを持っていて、山の神に獲物が多ければ見せ申そうと言って、見せそうにして見せないところが多いのだが、それは後の変化であるかもわからない。なぜなら、狩人のあげたとは思えないもので、山中の峠などにときおりオコゼがそなえてあるのを見かけることがあるから、一般にそういう習俗があったのであろう。

つぎに獲物があると、ホドマツリとか、ケマツリということをする。ケマツリはケボカイとも言っている。秋田マタギは獲物の皮をはいでから、それを肉の上にさかさにかぶせて、

「一歳二歳のシシ、馬の毛の数たたかせ給え、山の神、アビランケケソーワッカ」

とか、また、

「大モノ千匹、小モノ千匹たたかせ給えや、ナムアブランケソワカ」

と、となえるという。たたくというのは捕ることである。つまり狩猟の多いように祈るものである。同じ秋田マタギでも猟があると心臓と肝臓と背肉を三切れずつ三本のクシにさして山の神にそなえている。これに似た祭はイノシシ地帯にもあって、宮崎・鹿児島の山中ではイノシシのコウザキ（心臓）を七つにきって串にさし、山の神にそなえ、狩人一同もたべて獲物の多いことを祈る風がある。福島県檜枝岐などでも、これに似た祭をイロリのほとりでおこなっており、これをホドマツリと言っている。ホドはイロリのことである。

三河では、イノシシの耳をきって山の神にそなえているが、檜枝岐の中にも、獣の毛のみをとって山の神にそなえている例もあり、これをケマツリと言っているのである。

いずれも獲物の多いことを祈るまつりになってしまっているが、鉄砲のなかった以前は危険から身をまもる心もつよかったようだし、また獣霊のたたりもおそれたのである。そのとなえ言には仏教の

においのつよいものが多く、秋田阿仁合での伝承では、高野派というのは弘法大師から唱え言をならっただけで、とり方は日光派もかわらないように言っている。つまり狩の技《わざ》の差ではなく、祭の作法の差ではなかったかとさえ思われる。

しかし、こうした作法も建物の減少や鉄砲の進歩で、急速にほろびてゆきつつある。同時に別に遊猟が発達して来るが、それは獣を対象とするものではなく、渡り鳥を主としたものである。この方ならば大陸の彼方から来るものが多く、獣ほど減少率が目立たないのである。いずれにしても野獣の減少は急速であって、民間狩猟法の伝承が十分明らかにならないうちに狩猟そのものが大半消滅したと言ってさしつかえない。

このほかに野鳥の狩猟や鳥獣害防除の問題もあるが、それは別の機会に説くことにしたい。

〈文献：柳田国男『後狩詞記』（自刊　明治四十二年）、『山の神とオコゼ』（寧楽書院　昭和十一年）、高橋文太郎『山と人と生活』（金星堂　昭和十八年）、『秋田マタギ資料』（アチック・ミューゼアム　昭和十二年）、金子総平『熊狩雑記』（アチック・ミューゼアム　昭和十二年）、向山雅重『山村小記』（山村書院　昭和十六・十八年）、早川孝太郎『猪・鹿・狸』（角川文庫　昭和三十年）、『猪狩古秘伝』（日本常民文化研究所蔵）〉

（『郷土研究講座　四―生業』西岡他監修　角川書店　昭和三十三年）

陥穴

一

早川孝太郎氏の『猪・鹿・狸』という書物は三河地方の野獣と人間とのかかわりあいを書いた叙情ゆたかなレポートであるが、その中に「猪垣のこと」という一章がある。

「猪の出る路をうつというた。猪は田や畑へ出るにも、かならずうつを通ったので、おとしあなはうつを目がけて設けたのである。自分が子供の頃には畑つづきの木立のなかに半ばくずれかけたのが、まだ幾箇所も残っていた。多く畑から数間もしくは十数間くらい入りこんだところで、穴の直径六尺ぐらいで探さは二間もあった。朋輩の一人があやまって落ちてよわったことがある。

おとしあなは猪を防ぐために設けたのであったが、いっぽう、それで猪をとる狩人もあった。上に細い棟木を渡してカヤ、ススキなどを敷いておき、底にはやとを一面に立てておいた。老人の話によると、同じ狩人のなかでも腕に自慢の者がやることではなかった。とれたえものも多くは子猪ばかりで、親猪はめったにかからなんだという。子猪のことを別にうりんぼうというたが、うりんぼうがうまくかかった所は、盆の精霊送りに、瓜にアサからを通したそのままであったという。これは祖母から聞いた話であった。あるとき隣家のおとしあなへ大猪が落ちてやとを三本も負いながら、盛んに荒れていて困ったことがあった。近所の者が集まって石撲《う》ちにしてやっとたおしたという。どこの家でも屋敷の後ろには、きまっておとしあなが設けてあったのである。

おとしあなへは猪のほかに、もちろんほかの獣もかかったが、とくにヤマイヌの落ちた話が残っている。もう四五、六年も前であるが鳳来寺山麓の吉田屋某の裏手の穴へ落ちたことがあった。村の者が多数集まって、フジ蔓の畚《もっこ》を作って、その四隅に長い綱を付けて穴のなかへ下げてやると、ヤマイヌがそれに乗ったという。それでさっそく引き揚げて逃がしてやった。翌日その穴へ大鹿が落としこんであったのは、いうまでもなくお礼心であった。ヤマイヌがおとし穴へ落ちたときは、なかで盛んにほえたという。自分の家の地類である某の男は、豪胆で聞こえた狩人だった。あるとき屋敷裏のおとしあなへヤマイヌが掛かったとき、なかへ梯子をおろしておりていって、ヤマイヌを片手に抱いて上って来た。そのまま放してやると、ヤマイヌはうれしそうに尾を振ってその場を去ったが、並みいる村の者も某の豪胆には魂消《たまげ》たという。」

猪垣の前文としておとし穴のことが見えているのである。私はこの文章を感銘ふかく読み、この地方をあるくたびに村人からおとし穴や猪垣のことについて聞いてみた。しかし猪垣の方は残存するものがあっても、おとし穴の方は伝承だけで、現実に残っているものはほとんどない。が、三河から南信濃へかけては猪の多いところであったから、いたるところにおとし穴があったようである。愛知県北設楽郡設楽町名倉でおとし穴を掘った最後は戦後、昭和二十二、三年頃であった。その頃は火薬が手に入らぬために猪が著しくふえて、罠を作ってとったこともあったが、おとし穴も掘った。名倉中学の裏にあった。そこが猪の通り路で、農業協同組合で掘った。穴の大きさは直径二メートル内外、深さはそれよりやや深く、上は柴草で掩ってあった。その穴へおちた猪は五～六頭もあったか、あるいはもっと多かったかもわからぬ。落ちたものは鉄砲でうちとった。そのうち火薬が出廻るようになっておとし穴はやめて、あぶないからということになって穴は埋めた。猪は鼻が敏感だから、猪がおちるたびに、掩の柴草は取りかえなければならなかった。

南信濃の民俗にくわしい松山義雄氏に手紙を出して聞いてみると、

「長野県伊那郡上村下栗では山中のウツ（けものの通り路）に深さ六尺、直径六尺くらいの穴を掘ります。この上にソダをおき、その上に砂（土）をのせます。これは春やる仕事です。すると秋ごろになると、砂に草が生え、カムフラージュができます。こうなってはじめてシシが穴にかかります。〝オトシ穴〟とよんでいます。したがってオトシ穴は春こしらえることが条件となります。即製のオトシ穴には絶対にかからないものです。穴の深さ四尺くらいですと、かかっても、はねあがって逃げられてしまいます。穴に落ちたシシは銃で射殺します。

もう一つ穴におとす方法に〝フミハズシ〟があります。これもウツに掘った穴の上に板をのせ、カムフラージュします。この上を猪が通ると、体重で、板が穴の中に落ち（ドンデン返し）その反動で鉄砲の引き金が引かれます。これは大鹿村釜沢で行なわれたものです」

との返事があった。

二

直良信夫博士の『狩猟』によると、

「江戸時代にはイノシシの通路に二つか三つくらいの陥し穴を作って、猪狩りを行なったものである。日本全国にはどのような型式の陥し穴が作られてあったか、詳しいことはわかっていない。しかし、埼玉県と東京都における山村調査の折に、実際に見聞することのできたものでは、だいたい二つの型式にわけることができそうである。

プランでは、類円形のものと、やや方形（もしくは長方形）を呈するものと二つである。しかし実際には、構造的にみたほうがよい。それによってみると、擂鉢型のものと、逆擂鉢型との二形式にわけることができる。擂鉢形は、プランが類円形でも方形であっても、断面では上口が大きく、下底が小さくなっている。平面形が類円形のものでは、上口の直径が約三メートル、底部の直径は約二メートルほど。探さは二から三メートル。平面形が方形系統のものでは、上口の長径が二・五メートル、短径が一・五メートルほど、下底は少し上口より小さい。深さはだいたい三メートル。

このような陥し穴は主に猪猟に用いられるが、上口には木枝や葉っぱをかぶせて、どこに穴口があいているのか、ちょっと見た程度ではわからないように擬装しておく。穴底には青竹の先端をとがらしたものを上向きに突き刺して、穴に落ちたイノシシが串刺しになるように仕組んである。なかには、そのような仕掛けは作らないで、普通の平底になっているものもあった。このような穴では、イノシシが穴に落ちこんでいることがわかると、上から槍で突いていたものである。

埼玉県所沢市の中氷川神社近くの山中に現在（昭和三十年頃）二つほど昔の陥し穴が残っていた。ここで使用していた槍は、中氷川神社の宮司をしておられる山口氏宅に、その一槍が保存されている。津軽で私が実見したものとよく似た槍であった。

逆擂鉢型の陥し穴は、擂鉢を逆に伏せたように上口が小さく、穴底が大きくなっている。平面形は類円形のものが多い。上口の直径一・五メートル、底部の直径二〜三メートル、深さ二・五〜三メートル。この種の穴の底部近くには竹の桟が設けてあるものがある。落ちたイノシシが青竹の桿を踏むと、すべって脚を踏みはずす。すると、陥し穴から逃げ出すことができないからである。効果的には逆擂鉢型の陥し穴がよい。普通の擂鉢型のものは、ときとして、落ちこんだイノシシが壁を這いずりあがって逃げ出すことがある。

明治五年の三月のことである。東京都西多摩郡桧原村湯久保で、御前山への登り口に作った陥し穴があった。イノシシは捕獲されなかったが、その穴に、ニホンオオカミの牡が落ちていた。このときには、鉄砲で撃ち殺している。猟師の市川五左衛門さんが鉄砲の名人であったからである。」

とある。これによって関東西部のおとし穴の様子をほぼ知ることができる。関東では秩父・多摩・丹沢などの山地に猪が多かった。そして今も丹沢山付近では相当数の猪がとられているが、それをとるのに陥穴を作ったという話は村の古老から聞くことができるが、その穴がどのような穴であったかをたしかめることはむずかしくなっている。

というのはおとし穴や罠のようなものは時に人がそれにかかることがあって思わぬ災害にあうこと

が多いために、明治の終り頃に固く禁止されたことがあると聞く。そういうことがおとし穴を急速になくしていったものであろう。

三

そこでおとし穴のあったというところについての私の耳にしたものに神奈川県伊勢原の日向薬師付近、広島県東城町付近などがあるが、私自身がそこをたしかめたわけではない。

また、宮城県川崎町では猪のおとし穴ではなく、オオカミの陥穴がもとはたくさんあったそうである。この地方は旧藩時代には馬の牧がたくさんあって、そこに馬を放牧していたのであるが、その馬をオオカミが襲って食い殺すことが多かった。そこで牧場のまわりにオオカミのおとし穴を掘って侵入を防いでいたという。その穴はやはり、直径二メートル、深さ二メートル位のものであったようだ。オオカミも通路がほぼきまっていて、そこに穴を掘っておいた。しかし明治時代の後半になると、オオカミはずっと減って来て、おとし穴は利用されなくなったという。

岩手県九戸郡山形村関というところで聞くと、この地方にもおとし穴は多かったという。しかしそれは大きいものであった。同村の関、小国、下畑などに残っているものは、径七メートル、深三〜四メートル位ある大きなもので、エゾアナといっているが、獣を追い込んだものだとの伝承をもっている。たいていの部落に二つ乃至三つはあった。いまつぶれてしまったものも多い。いつ掘ったものであるかわからないが古いもののようである。この地方の野獣は猿、鹿、熊、猪、カモシカ、オオカミなどがおり、そういうものの道はきまっていて、その道にあたるところに掘ってあった。そしてこの穴には昔はよく獣が落ちたもののようであるが、現存の人たちで、それを記憶することはほとんどなく、伝承によって知っている程度である。

村人が一番おそれ、また困らされたのはオオカミであった。オオカミはよく牛を襲って殺した。そのオオカミを防ぐためにこの穴が多く利用されたのかもしれないと村人は言う。明治の終頃から獣が減って来る。とくにオオカミが姿を消す。それまではオオカミの被害が多かったので、山中の一軒家には住むことができなかったという。どの家でも槍をもっていて、それで獣を防いだもので今でも槍を持っている家は多い。しかし専門の狩人だったわけではない。

この地方には家畜（主として牛）を守るために犬を飼っている家が多かったが、その犬が野犬になっておとし穴付近に棲んでいるが、これはおとし穴に落ちることがほとんどない。

山形村ばかりでなく、この近くの村々にはおとし穴が広く分布しているようで、これには二つの傾向があり、その一つは一、〇〇〇メートル級の山の裾の谷の出口のようなところにあるもので、今もつぶれないで残っているものが多い。一つは館の址のようなところにあるものである。三河の猪のおとし穴のようにそれぞれの家の後にあったというものと共通するものか、あるいは敵を防ぐものであったか明らかでない。

四

おとし穴は獣をとるばかりでなく、人を落すためにも掘られたものである。『新田老談記』（史籍集覧所収）に、

「朝倉ノ者ドモ、川ノ東へ越エテ自然佐野勢今度ヲ幸ニ願ヒ、横槍ヲセンモ不知トテ、羽左間山ニ遠見番ヲ俄ニ催シ、矢野九郎兵衛ヲ大将ニシテ、藤坂月谷田島ノ郷人地侍地下人ハ、皆要害山ノ腰ニアツマリテ、石弓木石ヲ用意シ、落穴ヲ催シ、待チ居タリケリ」

とある。このおとし穴がどのようなものであったかわからないが、穴を掘って敵がそこに落ちるように工夫したものであることは推定される。

また『豊薩軍記』にも、

「既ニ薩州ノ大軍発向スル由聞エシカバ、其ノ来鋭ヲ防ガントテ、妙麟兼ネテ軍慮ヲ廻ラシ、一城ノ砦ヲ構ヘケルニモ、自ラ出デ縄張シ、外廓ニ三ノ丸ヲ見計ラヒケル、俄ノ事ニテアル間、塀ノ裏ヲバ板或ハ畳ナドヲ以テ囲ハセ、堀ヲ薬研堀ニシテ、菱ヲ植エ柵ヲ張リ、柵ノ外ニハ詰所ニ陥穴ヲ拵へ、其ノ上ヲ平地ト成シテ、城中ヨリ打チ出デシ時、目験ノ杭或ハ篠ヲ捨テ置キケル」

とある。中世の合戦の折などにも、おとし穴を掘ることはいたるところで見られたものであろうが、それはひとり日本だけではなかった。おそらくアジアにもヨーロッパにもおこなわれたものであろう。そして穴の中に木や竹をとがらせたものをたてることは共通していたようである。

『和漢三才図会』に、

「穿レ地陥レ獣曰レ穽、登壇必究云、陥馬坑、長五尺、濶三尺、深四尺、坑中植二鹿角木槍竹一、皆削入レ火、令レ竪二其坑一、排如二品字一、覆以二芻草一、其上種二草苗一、務令二レ敵人不一レ覚」

とあって、おとし穴は獣をとるものも人馬を陥しいれるものもほとんど差がなかったことが知られる。

このような着想のなされたのは、そのはじめは野獣をとるためであったことは、霧ケ丘の遺跡がこれを物語っているが、それを戦争に利用するようになったのはそれから後のことであったかと思われる。しかしヨーロッパではきわめて古い時代に戦争用のおとし穴がほられている。

『ガリア戦記』をよんでいると、

「ガリー人は時々我が工事を襲撃し、町の数個の門より、大挙して突撃を試みた。其処でカエサルは、保塁が少数の兵士によって防禦出来るように、これに対して更に工事を加へねばならぬと思った。かくて樹木の幹或は極めて強い樹枝を切り倒し、その先端の樹皮を剥いて尖らし、また深さ五ペスの連続の壕を掘らせた。その材をこの中へ入れ、引き抜かれぬようにその底に固定させ、樹枝をつき出させて置いた。それが互に連結され、交錯させられて五列あった。それに入り込んだものは極めて鋭い杭に刺さることになる。これは墓と呼ばれた。斜に五目形の列にならべられたこれらのものの前に、深さ三ペスの溝が掘られ、その斜面は底に向うに従って次第に狭められて行くようにしてあった。先端を尖らせて焼き固めた腿の太さ位の丸太を、地上には四指以上も出ないようにしてこの中へ入れ、同時にこれを強化し安定させるためにその各々の底から一ペス位は土で踏み固めた。溝の残余の部分はその陥穽を隠すために細枝や柴で蔽われた。この様な八箇の列が造られ、相互に三ペスづつの距離を置いていた。人々はこれをその花に似ているところから百合と呼んだ」

という文章がある。（岩波文庫本　三九七頁）
これは壺穴ではなく、溝を掘って作ったものであるが、アイデアとしては野獣のおとし穴と同様のものである。このおとし穴の作られたのは紀元前一世紀の頃、日本でいうならば弥生式時代の前期のきわめて早い時期であった。
そしてそれよりももう数千年あまりも前に関東平野西部の丘陵地帯に広く陥穴を掘って野獣をそこに陥れてとる狩猟法が盛んにおこなわれていたということは、日本の文化の基盤がどういうものであったかを考えてゆく上にいろいろの示唆を与えてくれる。しかもその陥穴は縄文時代も近代も大してかわらない様式で

神奈川県横浜市緑区十日市場町霧ヶ丘遺跡で発掘された縄文期のおとし穴（航空写真・昭和46年）

作りつづけられて来ていたのである。

（『霧ヶ丘』霧ヶ丘遺跡調査団　武蔵野美術大学考古学研究会　昭和四十八年十月）

木地屋の漂泊

ろくろを使って円形の器物を作る技術をおぼえたのは日本では弥生式文化時代からで、そのはじめは陶器《やきもの》を作るときに用いたようだが、当時の出土遺物から見て木器作成の場合もすでにろくろが使用されていたと見られる。そしてそれが文献の中に散見するようになるのは八世紀に入ってからである。「造物所作物帳」（正倉院文書）に見えた、天平六年（七三四）五月一日の「給二近江轆轤工二人一、粮米一斗五升」とあるのがその初のようで、ろくろ工の仕事は経巻の軸の両端を作ることであった。そのほかに壺や盃なども作った記録が、『続日本後紀』や『延喜式』に見えている。また金属器を作るのにもろくろは使用されていた。そうした中にあってろくろを使って作った最も大きな作業は百万塔の造立であろう。天平宝字八年（七六四）恵美押勝の乱の後、孝謙上皇の発願で三重の小塔を百万基作り、その露盤の下に、根本・慈心・相輪・六度などの陀羅尼を紙に印刷しておさめた。その完成は神護景雲四年（七七〇）四月二十六日で、これを十万基ずつ大安・元興・興福・薬師・東大・西大・法隆・弘福・四天王・崇福の一〇大寺に納めた。これに携ったろくろ工はおよそ四〇〇人であっただろうと推定されている。このような工人たちの拠点となっていたものは奈良を中心とした付近の山地で、東大寺建立にあたっては田上山作所、甲賀山作所、伊賀山作所、田上大石山、高島山、立石山などで木材がとられ、その木材がそのまま川や湖を利用して奈良へ送られるものと、小さな細工物は現地で加工して送られるものとがあった。したがって山作所（杣）のあるところには木工の工人たちが多くいたはずであり、その中にはろくろを用いる者も含まれていたであろう。

　さて律令国家が権威を持ち、社寺造営などの事業が相ついでおこなわれている間は、そうした工人たちが生活をたてることの仕事があったであろうが、十一世紀以降、律令政治がおとろえるにつれて政府の力を中心にする社寺造営が下火になって来ると、それにともなう工人たちの仕事も減り、新しい働き場を見つけざるを得なくなる。それが、民衆の必要とする膳・盆・鉢・椀・皿のようなものの作成ではなかったかと考える。しかも工人たちは早く四方に散っていた。ということは奈良時代の寺院址が広く各地に分布を見ており、そういう大規模な寺の建てられるかぎり、木工工人を必要としたからであり、大寺建立のたびに、その付

木地屋（『斐太後風土記』より）

近の杣へ工人の移動が見られたであろう。そしてそれがそうした仕事場を失うにつれて食用具の製作に転じていったと思われることは、十世紀の初まで夥しく見られた陶器が急に姿を消したにもかかわらず、これにかわるものもまた姿を見せないことで推定されるのである。それは陶器が木器にかわったからであり、木器は腐朽しやすくほとんど残存しないためであろう。しかも日常食用の木器に漆をかけることがおこなわれたか否かも明らかでないが、十三世紀の初頃には漆利用が一般化しはじめていたのではなかろうか。その頃から陶器の方も釉薬のかかったものがふえて来て、陶器の残存が多くなって来る。このように陶製食器のきわめて少なかった時代がほぼ三〇〇年ほど続くわけだが、それは大伽藍の造立がおとろえ、釉薬陶器の出現するまでの間である。一方木器もそれを木地のまま使うのでなく漆をかけることによって保存と使用効果をあげるようになったと思われる。

しかし文献的には長い空白が見られる。これは山中漂泊を事としつつ、権力に結びつくことがほとんどなかった為であろう。中世以前にあっては政治権力に結びつくか、宗教的権威にかかわりを持つ社会に文献記録は残りやすいが、山中漂泊の民はそのいずれにも結びつくことがなかった。しかし広く各地を漂泊していたことは滋賀県永源寺町蛭谷の筒井公文所正保四年（一六四七）の『氏子狩帳』によっても明らかである。木地屋の多くは近江の蛭谷と君ヶ畑を根源としてそこに結びつき、そこから各地漂泊をつづけていたのであるが、正保四年に木地屋の散在していた国々を見ると、武蔵・若狭・

近江・紀伊・大和・丹波・山城・播磨・但馬・因幡・伯耆・美作・安芸・石見・周防・長門・伊予の一七カ国にわたっていた。西日本にかたよっているのは、東日本は多く君ヶ畑の大皇大明神の氏子になっていたからであり、両方を合するならば、分布は全国に及んでいたということになる。

さて前記『氏子狩帳』に見えた戸主の数は三五五八人にのぼっているから、その家族を含めておよそ一万八〇〇〇人程度、君ヶ畑系の木地屋を含めると、この方は少なかったから二万五〇〇〇近くの人が全国各地にちらばっており、その所在が近江の筒井や君ヶ畑ではわかっていたわけである。

このような散在は江戸時代に始まったものではない。すでに古くからのものであり、それを政治的に最初に確認したのが織田信長であり、丹羽長秀をして、日本国中轆轤師の諸役御免の免許状を天正十一年（一五八三）に筒井公文所宛に出さしめている。豊臣秀吉も増田長盛をしてほぼ同様の免許状を天正十八年（一五九〇）に筒井公文所に与えている。それより前、柴田勝家は君ヶ畑の惣木地挽に対して、諸国椀挽の山手（税）等のことは前々通別儀はないという免許状を天正七年に出しているので、それまでの旧慣を認めたことになる。つまり、近江蛭谷・君ヶ畑を中心にして全国の山地を漂泊し木地挽をする慣習をみとめられたもので、それは他の職業についても同じような対策がとられたのであった。

それでは木地師の多くは近江から出たのかというと、そうではなかったようで、愛知県南設楽郡鳳来町の筒井与次右衛門家の系図によると、同家は応永二十七年（一四二〇）大和高取城主某の家臣筒井実晴が浪人してこの地に来り木地屋を営むようになったという。大和吉野地方の木地師たちはもともと近江の木地師とは関係がなかったようであるが、江戸時代に入って次第に近江の統制の下におかれるようになっている。

いずれにしても早くから木地師の往来定住のあったことはわかる。愛知県北設楽郡設楽町田峯《だみね》の天正十八年（一五九〇）の検地帳を見ると、ろくろげつ、ろくろ小屋、六郎屋敷、木地屋原、〇〇小屋などという地名が無数に出て来る。それはそれ以前にこの山中に多くの木地屋が住んでいたことを物語ってくれる。

奈良県吉野郡大塔村篠原には建武三（一三三六）年三月三日の惣木役御免の偽文書が残っているが、篠原は壺杓子をつくる古い木地師の村であった。

ところが、篠原から川を下っていった十津川村谷瀬には竹原という家があり、そこに『高原秘記』というのが残っている。それによると木地屋の始祖として木地師たちにあがめられている小野宮惟喬親王が谷瀬にいたというのである。惟喬親王は近江永源寺町蛭谷の文書では洛北の小野から来て蛭谷で生涯を終ったことになっている。ところが谷瀬から大峯山を東へこえた川上村高原にも惟喬親王在留の伝説があり、ここには正長（一四二八）・文明（一四六九）の木地屋文書を残している。

しかし近江が最も大きな拠点であったことにはかわりない。そして天正十八年蒲生氏郷が陸奥・出羽の守護として会津に封ぜられるや近江の木地屋を会津山中に移住させ、木地業をおこさしめた。そのため、近江木地ものの供給をうけて栄えていた日野の塗物は一時衰微してしまったといわれているが、一方会津では木地業が発達し、木地師たちは次第に東北各地へひろがってゆき、温泉場付近で木地挽きをした。そのかたわら作ったものがコケシであり木地玩具であった。

木地師が比較的定住性を高めて来るのは塗師職と結びついてからで根来椀《ねごろわん》・日野椀・山中椀・輪島塗・会津塗などは木地師と塗師の結合によって生れたもので、陶器の普及しがたいところでは木地椀が長く用いられた。

（『岩波講座　日本歴史』月報一二　岩波書店　一九七六年四月）

山村を追われる者

中国地方の山地の上を飛行機でとんで、言い知れぬ感慨をおぼえた。山にはほとんど大きな木がない。戦前までは原始林ものこっていた。それがいつの間にか矮小な樹林にかわってしまっている。ところどころ杉を植えたのを見かけるが、まだあまり大きくなっていない。

戦後燃料不足から炭焼きがつよく要請せられて、山間の村の人たちは山深く入って、いたるところで炭を焼き、山を裸にしてしまった。そしてもう山に大きな木のなくなった頃、石油コンロ・プロパンガスが出現した。それでぱったり木炭の需要がたえた。その上少しばかり残っていた喬木はパルプ材として伐られていった。山村にはもう何ものこってはいない。山村の過疎がどうしておこったかを空から見下すと実によくわかる。山間では生きてゆけなくなっていたのである。

私ははじめ山村には資源があると思っていた。だから融資を十分にすれば生産も高まりそこに住む人も安定するように思った。そこで昭和二十九年に同志の者と林業金融調査会をつくり、まず山村の実態を知るために調査事業をおこし、問題の所在を明らかにすることに力をそそいだ。その頃は山林行政はあっても山村行政はなかった。山の木を伐り出したり、植えたりするのを効率的にするのはどうしたらよいかというようなことが主であり、林道にしても会社林道といって木材会社やパルプ会社の木材搬出のために道がつけられることが多く、一般民間人のための林道などほとんどなかった。しかもその林道というのは木馬道のようなもので、運材には役に立ったであろうが、植林にはそれほど役立つものではなかった。だから一たん木を伐ると、その後への植林はむずかしく、自然のなりゆきにまかせることが多かった。そこでもっと計画的に山地を利用する方法はないものかと、山村の人びとと、そのことについて話しあうことが多かった。

山村の生活は離島の生活よりはさらに条件がわるいように思えた。どこへゆくにも山坂が多く、生産したものを売りにゆく市場が遠かった。食物も海のほとりの人たちに比して粗末であった。しかし山村民の生活について考える人は私の知るかぎりの人の中にはほとんどいなかった。われわれの調査はわれわれが山村の実態を知るばかりでなく、また多くの人にも山村を知ってもらいたいためだったが、調査費を出してくれるのが林野庁・農林中央金庫・農林漁業金融公庫で、報告書はそういうところに納め、一般の人の目にとまることは少なかった。

しかし、そういう調査がもとになって山林関係の融資がふえたり、林道開発が進んだり、植林が進んだりして、山村も少しずつは生活が安定してゆくように見えたのだが、それはあくまでそう見えたのにすぎなかった。山村に多少の繁栄があったかに見えたとしても、それは山林資源を食いあらした結果といってもよかった。そして一時の景気に酔うたにしても長続きのするものではなく、仮に植林したとしても、その木が成長して金になるまでには三〇年以上かかる。その間の食いつなぎの対策がたたなければかならず窮迫が来る。それがしかも燃料革命によって突然やって来た。そういうことについての生活保障も何もない。山間に住む人びとはそのため職場をかえなければならなくなった者が続出した。その中でもっとも痛手をうけたのは炭焼き業者たちであった。炭焼きたちは戦後の燃料不足時代は国家あるいは都市からの要請もあって、奥地へ奥地へと炭材を求めてはいり込んでいった。昭和三十年すぎであったと思うが、東北地方には学齢期の子供で学校へいっていない者が三〇〇〇人をこえていたが、その大半は炭焼き業者の子供たちであった。こうした犠牲にたって都市民の燃料は維持されたのだが、その生活は何ら保障せられることなく、この人たちは山を下っていった。何とか保障制度をつくらねばと、調査を始めてから二年目にはもう大半の人が山を下っており、また炭焼きを主業として早くから定住していた村の人たちは出稼ぎに転じていたのである。

炭焼きたちが炭を盛んにやいていたころ、山中には道らしい道はなかった。炭は一俵一俵を背負って運び出さねばならなかった。昭和三十二年に私は初めて林道の重要性について書いたが、そのときはしがきに「林道に関する諸資料は多くは断片的で、いままで真にまとまったものがない。ということは今日まで林道の経済効果が学問的に検討せられることの少なかったことを物語る」と書いている。車の通る民間林道の開設の本格化するのはそれ以後のことであった。

昭和四十年山村振興法が成立した。この法の施行によって年々十数ヵ村の山村調査がおこなわれ、またいろいろの山村振興対策もたてられるようになった。山村の問題に関心を持つ人もふえて来た。

林業金融調査会はその先駆的任務を終えたものと思って昭和四十三年に解散した。しかし山村の問題が解決したわけではない。山村の過疎は依然としてつづいている。かつて戦後に農地解放はおこなわれたが山林解放はおこなわれなかった。大山林地主はいまも存在する。とくに政府は国有林と称する広大な土地を持っている。そこにはそこに住む住民の意志を具現することはほとんどできない。といってこれを民間にコマ切れにして分けることが最善の方法でもない。が、地元民の共同利用の道をひらくことは不可能ではないはずである。そこに住む人びとがその土地に夢を托した利用方法を考え、それを実行に移す機会は与えられていい。実はこういうような問題すら片付いてはいない。

一方では国土総合開発の一環として山中には多くのダムが作られた。それによって山間へも車道が通ずるようになった。だが、そのために追いたてられていった一〇万をこえる人たちはどうなっていっただろうか。金をもらって立ちのかされ、山間の生活よりはよくなった者も多いだろうが、塵のように掃き捨てられた者も少なくないはずで、そのような人たちの追跡調査のなされたことを聞かぬ。

国の端々に住む者はなぜ少数民的取扱をうけなければならないのか、なぜ社会約矛盾の犠牲に立たされなければならないのか。しかも世人一般の関心はきわめてうすいのである。

（「展望」一九七二年十月　筑摩書房）

山と人間

一　山中の畑作民

日本に山岳民とよばれる平地民とは違った民族が存在したかどうかということについて、私は長い間いろいろ考えて見て来つつ、最近までそのまとまったイメージについて頭に描いて見ることができなかった。しかしごく最近になって、やっとある推定を持つことができるようになった。そのことについてまずのべて見たい。

いわゆる山岳民が存在したであろうとおぼろげながら思うようになったのは昭和三十六年の夏以来のことである。その夏八月、高知から大阪まで飛行機でとんだ。海岸平野は水田におおわれており、その水田は平野から谷へと断絶することなく続き、はては山中の小さい枝谷の奥まで、木の根が土中に無数に支根を張っているようにのびている。しかし、いつかは谷奥で消えてしまう。谷の両側や奥は森林になっているが、その森林の上に畑がひらけ、また民家を見かける。この畑地帯にはほとんど水田を見出さない。畑地帯では畑のみを作っており、水田と畑作地帯の間には断絶がある。

これはいったい何を意味するものであろうかと考えて見たのであるが、このような現象は考えて見ると四国山中のみではなかった。九州の米良《めら》、椎葉《しいば》、諸塚《もろつか》、五家荘《ごかのしょう》、五木などにも見られた景観である。とくに南九州には八重《はえ》という名称の地がたくさんあり、緩傾斜またはわずかな平地をさすものでハイとも言っており、そういうところに畑もひらけ、また集落も見られるのである。しかもこのハエ部落は標高八〇〇メートルから一、〇〇〇メートルの山の中腹以上に分布し、そのほとんどが畑または焼畑を耕作して生活をたてている。そして隼人《はやと》というのはもともとハエに住む人の意ではなかったかと言われている。

近畿地方の吉野熊野山中にもこのような集落は多い。吉野西奥の天ノ川、大塔、十津川などの村々の大半は、水田を持たず、焼畑、定畑を耕作し、その集落は山腹のやや緩傾斜面にある。

そこから伊勢湾を東へこえて、三河山中から天竜川筋にもそうした集落は多

山を焼く。熊本県五家荘、五木あたり（昭和37年6月）

かった。そしてそれらの集落の中には落人伝説を持つものもあるが、そうでないものも少なからずある。たとえば長野県下伊都郡上村下栗のごときもその一つである。この部落は遠山川の作った峡谷の上の緩傾斜にあるが、下の谷から上って村をひらいたものではなく、東の赤石山脈の茶臼嶽をこえて、大井川の方からやって来たものであるという。茶臼嶽は二、〇〇〇メートルをこえる高峻な山である。そういう山をこえて、人の移動の見られたということは、山中の人がかならずしも川下の方から谷をたどって奥へ奥へとやって来て定住したとは考えられない。むしろ高い山をこえて、高いところから低いところへと下って来た例も少なからずあったものと思われる。下栗もその一つで、下栗へ定住する前はその東の大野という所に住んでいた。しかし大野では十分に食料も得られないので、さらに下の緩傾斜地を見つけて、そこに定住した。そのあたりは栗の木も多く、

長野県下伊都郡上村（昭和38年7月）

その実りがゆたかで、食料にもなるので、定住の条件はととのっていたわけであるが、この下栗の者が谷底に住む遠山氏と主従関係を結ぶようになったのは、今から四〇〇年前といわれている。それまでは同じ山中に住んでいても、山腹と谷底の間に交流がなかったというのである。

このような伝承はそのまま信じていいものかどうか。この話に近い話を私は石川県白山麓の白峯村で聞いたことがある。白峯を中心にした一帯も焼畑耕作の盛んなところで、牛首というところから奥には水田はほとんどない。そして、山腹の緩傾斜に焼畑をひらき、鍬棒づくりをして生活をたてている。ここでは焼畑をムツシと言っているが、牛首奥の山地で焼畑をおこなっていた者がだんだん新しい適地を求めて山をこえて向う側にまで移動するようになる。山の向う側は今、福井県大野市になっているが、もと五箇村といわれたところである。古い陸地測量部五万分の一地形図を見ると、その最奥の小池部落のさらに奥に実に多くの畑地の分布していたことがわかるが、その大半は小池の人がひらいたのではなく、白峯側の者が焼畑づくりをおこなっていたのである。そしてだんだん山を下ってゆき、五箇村の者との間に争をおこし、そのため大野、勝山を経て白峯へ帰った者も少なからずある由で、何代かかけて山を一巡したことになる。この話なども長野県の例と通ずるものがある。

また、山中の村で奥から川に箸や椀が流れて来たので行ってみると、そこに村があったという話は八岐大蛇伝説のほかに広島・島根県境の村や、滋賀県山中で聞いたことがあるが、これらも山の奥は谷口の方からでなく、山の彼方から来て開いたもののあったことを物語る例であろう。このように山中には水田耕作をおこなわず、定畑や焼畑耕作によって食料を得ていた集落が、私たちの想像をこえるほど多かったのではなかろうか。

山中に限らず、関東、東北には台地や丘陵の上にも水田を持たない集落が少なからず分布していた。

これらの焼畑または畑作農民は水田耕作の経験を持っていたであろうか。おそらくは持ったことがなかったと考える。つまりそこに居住したとき以来、畑耕作をおこなっていたものと思われる。つまり水田耕作民がだんだん山中に入って畑耕作のみの生活をたてるようになったのではないと見られるのである。もし水田地帯から山中に入った場合には山中に入っても水のあるところを見つけて稲作にしたがったのではなかろうか。それについて盛永俊太郎博士は『第三　稲の日本史』（農林協会　昭和三十三年）で興味ある発言をしている。すなわち

焼畑（長野県小県郡和田村、昭和38年7月）

「日本の地すべりの研究をしておられる小出博（理学博士）さんが、『地すべり地帯は山でありながら地質の関係で水が非常に得やすいところで棚田が発達している。よく平家の落武者がすみついたといわれているところはみな地すべり地帯である』という意味のことを言っておられる。私の郷里（富山県）にもあります。新潟にも長野にも水田をもつ地すべり地帯が多いようです。それで一口にいえば、平家の落武者が入っているところはみな地すべり地帯。それで、そこがおもしろいのです。地すべり地帯はみな土地が肥えて、水を得やすいからよい水田がつくれる。山の中へ入って水田をこさえようと思えば、地すべり地帯へ行けば、自活農業の水田ならば容易にできる。そのかわり、山で傾斜があるから田圃が小さい。大きなものをこさえておいても、長年の間にすべりますから、あぜをこさえても小さくしなければ水がもちません。

一反千枚田という小さい田も地すべり地帯の特徴である。山の中で水が得やすく稲をつくりやすいところを選べば、自然そういうところになる。平家の落武者が入ったのは古いことではありませんが、そのころ田をつくりやすかったようなところは大昔でも田の作りやすかったところということも考えられる」

といっている。これは重要な意味をもつ。つまり水田地帯から来たものは山中に入っても、できるだけ水田を開き得るところに定住している。平家落人伝説も、単なる伝説にすぎないところは別として、平家にかぎらず、落人の山中定住のかなりはっきりしているところでは、たいてい水田がそこに見られる。『熊谷家伝記』という貴重な記録をのこしている長野県下伊那郡坂部《さかんべ》の熊谷家は、熊谷直実の子孫といわれ、南北朝の合戦の頃、戦乱のわずらわしさをさけてこの山中に入った家であるが、山顚《さんてん》に近いところに立村しながら水田を多くひらいている。そのほか水田地帯から入って山中に定住したという記録をのこしているところには広狭は別として水田を見かけるものである。

しかしながらその定住のきわめて古かった山中の村々の場合は畑作のみに依存しているのがほとんどである。ただ、中国地方の山中のみは農家が田と畑の両方をつくっているものがきわめて多い。これはまた別の事情が考えられる。

山中の水田（長野原下伊都郡坂部、昭和38年7月）

二　畑作民と狩猟

山中に畑作を主として生計をたてている集落は前述の如く、その初めから水田農耕の経験を持たないものが大半で、したがって狩猟採取生活から畑作農耕へとすすんだものと見ていいのではなかろうか。こうした畑作集落の場合には猟銃を持つ者が若干ある。熊本県阿蘇地方の畑作地帯には鉄砲を持つ民家が多数あったが、それはこの山中のみのことではなく、山間各地に見られたものであったと思われる。たとえば『西条誌』（愛媛県西条藩の地誌で天保末年編纂）によると、畑作農耕村には猟銃がかならず、数挺は保管せられている。これはマタギの名残をとどめるものであろう。いま二〜三の例をあげて見ると次のようである。

藤野石山村《ふじのいしやまむら》は高知県との国境にある山村で、東西南北ともに三里余もあるが、人家はわずか一七三軒しかなく、田畑高三〇石三斗で、表面のこの数字では八八四人の村民が絶対に生活をたてることはできない。村の石高がこのように低いのは焼畑をおこなっているからで、それはほとんど石高にならない。つまりこの村はその焼畑に依存した村であり、山中交通路なども梯子やかけはしを利用して往来しなければならない有様であった。村民は山稼ぎを主とし、米を食うことはできず、粟稗をたべ、着物も木綿を着ることができずタフ〔太布〕を着た。西之川、東之川という集落は負荷を業とする者があって、海岸まで出て来る者も多く、生活は少し楽である。しかし凶作のときは山稼ぎの品も売れず、家を保つこともできず、川来須《かわぐるす》というところは一八軒が一二軒に減少した。なおこの村には鉄砲持ちが七人いる。

前大《まえおお》保《ふ》木《き》山村《やまむら》は田は全然なく、畑三四石八斗のところだから、やはり焼畑作りを主としているところであろう。家数一四八軒、これを五箇の集落にわけ五箇山の名がある。人数は五九〇人で、鉄砲持ちは九人。ここでは集落のことを名《みょう》とも言っている。藤野石山によく似ているけれども、かつてこの山中の民は領主に強い抵抗をこころみ、男子はみな殺し同様になったことがある。十七世紀の初め頃のことであったらしい。そのとき一人だけ助かった男があった。その後寛文四年〔一六六四〕にまた村の有志六人が領主のために殺されている。理由はわからないが領主へ抵抗したものと見られる。このようにこの村はたびたび領主の弾圧をうけて、次第に温和になっているが、もとは強烈な血を持った人びとの村であったと思われる。

中奥山も畝高〔水田の石高〕なしの四三石六斗の村であった。したがって焼畑づくりの村であったと言える。戸数一六八軒、人数六三四人で、鉄砲持ちが一九人いる。『西条誌』の著者が某年八月末に細野山に宿をとったとき日の暮方から太鼓をうち貝を吹き、あるいは大声をあげてよばわり、数十の兵卒が攻め来るもののようであった。怪しんで問うと伐畑（焼畑）に畑物が実る頃になると、およそ四〇日の間毎夜このようにして夜を徹して守らないと一夜にして猪に喰いあらされてしまう。昼は猿を守り夜は猪を追う。それが山中の日々の生活なのである。ここにはまた中世の風流がのこっていて盆にも踊れば、貴人の来たときにも踊っている。

西之川山は畝高なしの一〇石八斗の村、家数五五軒、人数二四四人、鉄砲持ちは九人。多くは杣で生活をたて、木を伐って板をひき、檜縄をない、冬は獣をとって世をわたる。畑には粟、稗、芋、円豆（大豆）、空豆をつくり、これを常食としている。天保七、八年の恐慌のとき御救扶持をうけたものが五五軒中二一軒にのぼるほど貧しい村である。風俗ははなはだ素朴で醇厚《じゅんこう》であり、古雅で、魯鈍で、上古の人を見るようである。女も細い帯を結び、頭をつつんでいる。

東之川山は畝高なしの六石五斗。それでいて六七軒三一五人が生活しているのであるから、定畑もほんのわずかで大半が焼畑に依存していたものと思われる。鉄砲持ちは九人いる。焼畑をつくりつつ杣仕事をする者が大半である。この辺の男女は腰に小さい革袋をさげている。これには火打道具を入れてあり、木を伐るにも畑をうつにも木葉などをあつめてまず火をおこし、陰気や毒虫をはらって仕事にかかる。なおこの地には炭竈があって炭も焼いている。炭竈は転々と移動してゆく。

西条藩で水田を持たない山村は以上の五村であるが、この記事で興をおぼえるのは鉄砲をもっている家の多いことである。山中にあっても水田耕作を主とする村には鉄砲はほとんど持っていない。これは何を物語るものであろうか。山中で野獣が多いから鉄砲をたくさん持っているのであろうという推定が一通りなりたちはするが、理由はそれだけではなく、古くから狩をして来た村であったことによると考える。しかし狩だけでは生活はできないので、焼畑を耕作し、杣仕事をおこなって生活をたてていたことになる。そしてそれは西条藩の焼畑村ばかりでなく、国境を南へこえた高知県寺川なども同様であった。

高知県寺川については『寺川郷談』※というすぐれた文献がのこっている。寺川は藤野石山から南へこえたところにある。郷談は寛延四年（一七五一）ごろ高知からこの山中へ派遣された武士の見聞録である。そこで寺川における生活について見ると、この地も焼畑

寺川（昭和16年2月）

耕作を主とした村で、三月の節句がすぐると山中へ小屋を作ってそこに生活をうつし、十一月まではこの小屋（他屋という）ですごす。そして山を焼いて稗小豆をつくる。そして昼は猿を追い夜は一晩中鹿を追うて休むときもない。四月の末になると家のまわりの畑の麦がうれて来る。すると村人があつまって麦ほめをする。

「うねの麦は谷へなびけ、谷の麦は畝へなびけ、臼に目をたてばいちょうがまえ、鎌といで待ち候ぞ。世の中よかれはりとんとん」

というのである。

春さきは食物が乏しくなるので葛、蕨、ほど（ホドイモ）、野老《ところ》、こびほが（芍薬の根）などの根を掘って食べ、また草木の葉をこいで生命をつなぐ。だから春をきらい秋を喜ぶ。この地もまた春窮の民だったのである。

衣類も粗末なものでたいていは太布を着ている。楮の茎皮繊維で織ったものである。それで一年中を通しており、冬はかもしかの皮を背にまとい、夜はいろりの火に背をあぶって夜をあかす。

食うものはいたって粗末で家々に鉄砲はあるが、獣をとることは少なく、むしろ伊予から檜を盗伐に来る者をおどすために持っているといってよく、多くは川魚のアメやハエをとってたべている。また米がないから餅はつかず五節句もない。十二月二十六日ごろになると、家では豆腐をつくる。正月中にたべる田楽豆腐である。ただ餅のかわりに稗団子をつくる。門松もたてずいたって簡素だが一般に長命で八十～九十歳の人はめずらしくなく、百歳をこえなければこの地では長命といわない。

以上のような記述に照らして見ると、平地の水田耕作村とはおよそ生活のたて方が違っている。しかもこのような山中の村は平地の者はほとんど自分たちに共通する世界とは考えていなかったようで、

「昔は土佐の国にもあらず、伊予へも付かず。河水はことごとく阿州へ流るるといえども阿波へも属せず、筒井、和田、伊東、山中、竹崎の五党この郷を各分けて司るとなん」

と言っているごとく、全く治外の民であった。

東祖谷山村（昭和45年7月）

そういう点では高知寺川からずっと東になるが徳島県祖谷山も相似た所であった。近世初期まではこの山中は多くの名に分れて土豪の支配するところであり、平地とは違った一つの世界を形成してい

た。そして定畑をつくりまた焼畑耕作をしていたのであるが、同時に盛んに狩もおこなっていたのである。俳人蓼花の『祖谷山日記』（文政八年・一八二五）によると、この山中には熊、野猪、鹿、かもしか、狼などがおり、そのうち熊はごく少ないけれども、猪は一年のうちに数えきれぬほどとれるという。大枝名《おおえみょう》の喜多兵之助というものは狩が上手で一年間の獲物は百に及んだという。文政八年頃にもこの山中にはそれほど野獣が多く、そしてそのようにとっても減らなかった。蓼花が有瀬名にとまったときにも「ほういほうい」というさけび声をきき、よくきいていると、

「ししの出たり、おいまわせ、ほうい」

という声がこだまにひびいて遠く聞えた。猪を追う声はこの山中ばかりでなく、他の地方でも旅するものの耳にはついたものであった。

司馬江漢の『西遊日記』などにも静岡県熊の山中で夜猪を追う声をきき、また山畑が猪垣をめぐらしたさまをス

熊村の図（『江漢西遊日記』より）

ケッチしている。

野獣が農耕をさまたげる山中に入ってなお耕作にしたがわねばならなかった理由は、耕作が最初の目的ではなく、野獣を狩ることが本来の目的であり、狩猟による獲物の減少が、山中の民を次第に農耕にしたがわせ、さらに定住せしめるにいたったものと思われる。

山中の人びとの生活を記録したものはいたって少ない。しかし以上のような僅かな例からしても山中の民は平地の民とはその生活のたて方がずいぶん大きく違っていたことを知る。しかもそれは山中であるが故に文化的におくれていたのではなく、生活のたて方そのものが違っていたと見るべきである。まず第一にこの仲間がかならずしも稲作をとり入れることに熱心ではなかったということである。本気になって水田耕作を求めるならばある程度までそれが可能であったと思われることは長野県下伊那郡坂部の例が物語ってくれる。坂部にかぎらず、そういう例は少なくない。したがって過去に稲作の経験をもっているならば、山中に入っても大なり小なり稲作へのこころみをしているであろうが、その努力を焼畑集落ではほとんど見ることができない。つまり焼畑集落はその最初から焼畑をおこなっており、しかもさらに古くは狩猟もを重要な生活手段としていたと見られるのである。

そこで少し突飛な想定であるけれども、縄文式文化人がやがて稲作文化をとりいれて弥生式文化を生み出していったとするならば、それはすべての縄文式文化人が稲作文化の洗礼をうけたのではなく、山中に住む者は稲作技術を持たないままに弥生式文化時代にも狩猟を主としつつ、山中または台地の上に生活しつづけて来たと見られるのではないかと思う。

この仲間は縄文式文化時代にすでに畑耕作の技術は持っていたのではなかろうか。今日まで縄文式文化人は農耕技術は持っていなかったように見られている。稲作技術は持たなかったとしても畑耕作はおこなっていたのではなかっただろうか。これを裏付ける考古学的な発掘はまだ見られない。

しかし畑作が水田稲作より後におこったものである証拠はない。昭和三十九年青森県下北郡宿野部の縄文晩期遺跡から片刃の磨製石斧が出て、それは明らかに穂摘用のものと知られるので、縄文期にも農耕がおこなわれていたものかと思ったが、発掘者の江坂輝弥氏はむしろ弥生式文化の影響をうけたものと推定している。しかし水田稲作の前に畑作のあったであろうことはわずかながら推定を裏付ける資料がある。『備後国風土記』逸文に、北海にいる武塔天神が南海の神の娘をよばいに来たとき日がくれたので巨旦将来のところへいって宿を借りようとしたが貸してくれないで、兄の蘇民将来のところへゆくと蘇民は貧しかったけれども粟柄で座をつくり、粟飯を御馳走した。という話が見えている。新嘗の祭であると思われるが、新嘗に粟をつかっている。貧しいから粟を食べているとも見えるが、『常陸国風土記』にも新粟を新嘗して家にこもっていた話が見えている。両方とも新嘗に用いるものが米でなく粟であったことは、粟が米に先んじて作られ、粟を用いて新嘗をおこなっていたものが後には米で新嘗をおこなうようになったものと考える。すなわち稲作の前に粟作があったと考えていいのではなかろうか。シナでは水田稲作の前に畑作がおこなわれており、畑作農耕に依存した周のような国もあった。そうした農耕文化の影響が日本におよばなかったものかどうか。

それも定畑の耕作ではなく、焼畑耕作が先行していたのではなかろうか。そして狩猟採取を生活手段とした者が、野獣の減少にともなって次第に自然採取へ、さらに焼畑農耕へと移行したものではなかろうか。

自然採取から焼畑への移行の中間段階として私は野焼を考える。野を焼く意味はもともとは居住地の近くへは野獣害虫を近付けないことにもあったのではないかと思う。高知県寺川での焼畑耕作のために山を焼くとき、

「山を焼くぞう、山を焼くぞう、山の神も大蛇殿も御免なれ、はう虫ははうて行け、とぶ虫はとんでいね、ひっこむ虫はひっこめ」

長野県奈川村（昭和40年11月）

と唱えるという。もとより近世末の山間の一地方の例にすぎないけれども、このような山焼は居住地を定めるようなときにもおこなわれ、同時に新鮮な野草の生長をはかったのであろう。焼いたあとに野草の生長のよいことはすでに人びとの知っていたことであろう。とくにそこにはワラビのような食用になるものが育って来る。ワラビは春窮の民には重要な食物の一つであり、その根を掘って澱粉をとることも早くからおこなわれていたと見られる。昭和四十年七月長野県乗鞍岳南麓の奈川村調査にあたって、ここにはいわゆるヒエをつくる焼畑はほとんどおこなわれていなかったことを知った。この村から野麦峠をこえた飛騨側の村々では盛んに焼畑耕作をおこないヒエをつくっていたが、奈川村では、山を焼くことはあってもヒエはつくらず、春はワラビの新芽をとり、秋はその根を掘ってネバナ（ワラビの澱粉）をとるのが女の主要な仕事であり、ネバナがこの地の主要な食料でもあった。ここには自然採取から農耕への過渡的現象が見られたのである。

ワラビ粉を製する（『斐太後風土記』より）

しかしこれはここのみのことではなく、青森県下北半島の釜臥山南麓や東通村でも見られたところであり、秋田県でも仙北郡檜木内地方にネバナを主要食料とする生活のたて方があった。おそらく全国をつぶさに見れば、このような現象はいたるところにあったものと考えられる。なぜなら山焼の習俗は全国各地にひろく見られたからである。山を焼くことはよい草を育てるためというのが共通した言い分であったが、それは屋根をふく茅草や田畑へ入れる肥草をとるためだけのものではなく、人間の食料を豊富ならしめる目的もあったであろう。

このような山焼を媒介とした焼畑農耕への移行は考えられないものであろうか。そして焼畑耕作の普遍化が、狩猟採取民をそのまま山間や台地の上に定住せしめ、水田稲作には直接影響されることのない生活をうちたてたものと思われる。

三　狩猟・漁撈・籠作り・造船

焼畑については最近竹村卓二氏のすぐれた論考があるが、ここには昭和十三年一月、地理学評論

（一四の一）に発表せられた山口貞夫氏の「焼畑の地理的分布其他」によりながら考えをすすめて見たい。同論文は昭和十一年三月農林省山林局から発行せられた「焼畑及び切替畑に関する調査」によっているという。当時焼畑のおこなわれていた面積の一、〇〇〇丁歩以上をこえるものは青森、岩手、神奈川、石川、岐阜、静岡、兵庫、徳島、愛媛、高知、福岡、熊本、大分、宮崎、鹿児島の一五県になっており、面積の最高は高知の二九、二二九丁歩、次が熊本の一〇、三五一丁歩、以下愛媛五、四六九丁歩、静岡三、九四二丁歩、鹿児島二、七六三丁歩、兵庫二、二二〇丁歩、宮崎二、一九四丁歩で、他は一、〇〇〇丁歩台になる。この数字はかならずしも正確とは言いがたいが、当時の一応の傾向はわかる。そして高知がその面積がきわめて大きいのは、山を焼いて畑をつくったあと、ミツマタを植えてその後に植林する方法のとられていたためで、焼畑を利用した植林のすすめられたことを見落としてはならないと思う。また熊本に多いのは県南部

焼畑（鹿児島県久志、大浦あたり、昭和35年4月）

の五家荘、五木方面にひろく焼畑のおこなわれていたためと思われる。

しかし旧来からこのような数字が維持せられたのではなく、明治三十二年に国有林施業案が実施せられたとき民有林においても山焼の禁止せられたところは少なくなかった。そのために焼畑は急速に減少した。ではどういう県が減少したであろうかというに、焼畑面積が比較的少ないにもかかわらず、焼畑戸数が三、〇〇〇戸以上に報告せられているところがそれにあたると思う。そういう県および焼畑面積もひろく、戸数も三、〇〇〇戸以上の県をあげて見ると、山形三、一二三戸、東京五、一一二戸、新潟九、二八五戸、富山五、一五六戸、福井四、二二七戸、山梨三、五六二戸、静岡三、八八六戸、兵庫七、四二四戸、鳥取四、三二八戸、岡山三、七二七戸、愛媛八、八四三戸、高知一三、三〇〇戸、福岡五、〇四〇戸、熊本一三、九三八戸、大分三、九六三戸、宮崎三、四三六戸、鹿児島三一、八〇五戸となっている。

この数字はいろいろのことを考えさせてくれる。九州は佐賀、長崎を除いては一般に焼畑がひろかった。四国も香川を除いてはみな盛んに焼畑をおこなっていた。本州の場合は山形、新潟、富山、福井、兵庫、鳥取など日本海岸方面に多く、太平洋に近い方に概して少なく、東京、山梨、静岡をかぞえるにすぎない。焼畑は地質などの影響も大きいと思われるが、それ以外に、その分布が西および、日本海岸にかたよっていることによって、その技術が縄文期に朝鮮半島を経由して日本に伝播し、主として山岳民の間に定着したものではないかと見られる。

一般に焼畑に分類しているものの中には実際に火入れをおこなっていないものもある。これを切替畑とよび、東北地方に多い。また植林をおこなうための手段としての焼畑も、そこに食物をつくらないものも多く、高知県の焼畑のごときも大半は植林の一手段としての焼畑が多いであろう。そこで焼畑の本来の意味をもつ食物自給のための面積というのはさらに狭くなる。

日本の縄文中期頃にはシナには定畑農耕が技術的に定着して国家が成立していたが、同じころ北朝鮮では焼畑のおこなわれたことが文献によって明らかであり、したがって海をこえて日本へもその分布を見たとは考えられないものであろうか。これについては今後の研究調査に待つほかはない。

このようにして縄文式文化時代のおそらく中期以後には採取から農耕への移行が見られはじめており、それが自然発生的であるとともに大陸の大国の影響もうけはじめていたのではないかという推定をもっている。そして狩猟採取から狩猟農耕への移行によって漸次定住性を高めるとともに、作物を守るためにも狩猟をおこなわねばならぬことになる。さきの愛媛県西条山村の例はそれを物語るものであり、同時に東北地方に見られるマタギの村も移動性のはなはだしいものを除いては漸次定住していったもののようである。

マタギはある意味で縄文期以来の狩猟を主とした生活様式をもっともよく伝えているものと見てよ

いのではなかろうか。縄文期には海岸および河川のほとりで漁撈や魚介採取を中心にして生活していたものと、山中で狩猟を主としていたものとがあったと見られるが、これらは民族的に区別があったのではなく、居住環境からそうなっていったものと見られ、山中にあっても狩猟ばかりでなく、川のあるところでは漁撈にもしたがっていたのである。たとえば秋田県仙北郡地方には古くから鵜飼があり、記録にものこっているが、鵜飼はマタギによっておこなわれていた。夏は鵜をつかってアユをとり、冬は山に入って熊をとって生活をたてていた。

鈴木牧之が秋山山中で出逢ったマタギも川魚をとっている。長野県の北端に近い秋山は新潟県からつづく谷の奥であるが、この山中へは秋田からマタギが冬になるとやって来ている。着物は猪、熊の皮の類を常に着ており、それを夜具にして臥し、寝莫蓙一枚ずつですまし、小屋は前に二本の叉木をたて桁をわたし、前は高く、後は低く、九尺四方位にかけ、細木を渡し、大木の皮で葺き、後ろばかり塞ぎ、三方共に明け捨てにしている。敷物はみな草、獣をとって食料にあてている。同時に川魚をとって、山をこえて草津温泉へ売りにいっているのである。その行動半径は実にひろいものであるといえる。そしてそのように行動半径のひろい場合には十九世紀初にあたってもなお狩猟によって生活することができたわけで、縄文期以来の生活がそこにはあったことになる。(『秋山紀行』)

また江戸時代中頃に書かれたと思う『猪狩古秘伝・狩之作法聞書』(日本常民文化研究所彙報第一五、

昭和三十六年）などよんでいると、近畿山中の狩人が長門山中あたりまで稼行している記録がある。もともと狩猟を中心にした生活には稼行移動は当然であり、そういう移動グループは山中にいくつも見られたであろう。が獲物減少によって漸次定住もおこって来る。したがって定住のあたらしいところでは畑耕作もまた新しいわけであるが、それらもまた焼畑を主としていることを見逃してはならない。現在青森、秋田でマタギ部落としてわずかにおもかげをとどめているのは、

青森県下北郡川内町畑
青森県下北郡佐井村川目
青森県黒石市大川原、黒森、二庄内、沖浦、板留
青森県中津軽郡西目屋村
青森県西津軽郡鰺ヶ沢町赤石
秋田県北秋田郡阿仁町打当、根子、露熊
秋田県北秋田郡上小阿仁村萩形、八木沢
秋田県仙北郡角館町寺沢、下戸沢

青森県下北郡川内町畑（昭和38年8月）

新潟県岩船郡朝日村三面

新潟県新発田市赤谷

その他福島、山形の越後山脈中の村にもいくつかあるようであるが、それらは山中に多く存在していた狩猟部落の残存したものの一部であって、農耕生活への依存比重のなお低いものと見られるのである。その場合狩猟ばかりでなく、漁撈もおこなったであろうことは、先にものべたところであるが、このような狩猟を主とした集落は獲物の早く少なくなった西日本では比較的はやく消えて農耕の比重が重くなり、定住性も高まっていったと見られる。

が、一部には川狩などをおこなって移動をつづけるグループも考えられ、サンカはこの仲間に属するものではなかろうか。サンカについては三角寛氏の『サンカの社会』という力著があり、その生活状態をくわしく知ることができるが、箕作りのほかに川漁をおこなっている。

熊本県と宮崎県の国境に位する阿蘇外輪山の東南麓の蘇陽峡峡谷には今日三〇〇戸に近い農民が居住しているが、出自は宮崎県東臼杵郡諸塚《もろつか》村だといわれている。墓石の中にもそれを刻んだものがあった。この峡谷への定住は今から一〇〇年くらい前からのことで、そのはじめは峡谷の中を流れる川のウナギをとってあるいていた。古老の話によるとウナギが非常に多く、それを馬見原〔熊本県蘇陽町〕や三ケ所〔宮崎県五ヶ瀬町〕に売っていた。もとより当時は定住ではなく、他へ移動していっていたが、峡谷の中に竹もあり、多少の開くべき土地もあって、仮住いの小屋にそのまま住みつき、農耕と竹細工で生活をたてるようになった。その後相ついで諸塚から移住を見て、今日のような谷底集落を形成するにいたったのであるが、そうした仲間とは別に籠や箕を作ったり、また傷んだものをなおしつつ移動する仲間がおなじ村から出ていた。そのコースはたしかめていないけれども、一群五人から一四、五人であり、民家にはとまらず、野宿をしたりお堂の下に寝たりしながら定期的な移動をしていたが、昭和四十年頃その移動もやんだといわれる。籠作りのほかに川魚をとっていた。猪、鹿などをとったことはきかぬが、あるいはとっていたものかもわからない。諸塚ばかりでなく、鞍岡（宮崎県五ヶ瀬町）にもいたといわれる。四国山中や大和吉野山中で出逢った山中移動の民は狩猟や籠作りはおこなわず、川魚を主としてとってあるいていたが、もともとは山中の狩猟民の名残と見てよいのではなかろうか。つまり西日本では狩猟を主とした仲間は比較的早く定住して焼畑農耕に転じていったが、川漁を主とした仲間の中にはずっと後まで移動を事としたものがあったと見られる。もとより推定にとどまるものである。

が、いずれにしてもその間に狩猟、漁撈に以外の手職なども身につけるようになったと見られる。先にあげた青森県下北郡畑のマタギは下北半島の沿岸で使用している磯船のシキ（船底）を造っている。それはいわゆる丸木造である。おそらくは丸木船を造っていたのであろうが、今の古老たちの記憶にあるところでは船シキのみを造っていたという。但し船シキだけでも十分に乗れるほど深く刳ったものであったという。そしてこの船シキを造る方が畑の村では主業になっていたのである。

そこで山中の川添いの村をしらべて見ると丸木船を造っていたところはかなり多かったのではないかと思う。新潟県岩船郡三面のマタギたちも丸木舟を造る技術を持っており、今も丸木船を持っている。長野県天竜川中流にももとは丸木船が多かった。その船はそれぞれの土地で造られたものであるが、多くは渡船として用いられ、渡守はたいてい籠作りもしていたし、船を造る技術を持っている者もいたという。もとより直接に渡守からきいたのではないのでくわしいことはわからない。

高知県長岡郡大杉は昭和十七年ごろまで鵜飼のおこなわれていたところであるが、ここでも鵜飼に用いる船は丸木船であり、その船も地元で造ったものであるが、鵜飼人の多かった頃には鵜飼人の仲間で造り、川下の徳島県の方へも売っていたものであるという。この地の鵜飼人が、秋田のように狩猟もおこなっていたか否かは明らかでない。

が、山中で丸木船の造られることは多かったであろう。そこに大木があり、でき上った船は川をながして海にうかべることもできる。『続日本紀』によると天平四年（七三二）の遣唐使船は近江、丹波、播磨、備中で造られているが、そのうち播磨をのぞいてはいずれも海に接しない国である。これは材木を川流しして海岸で造ったものか、あるいは山中で造ったものを川を曳いて下ったものであるか明らかでないが、おそらく山中で造って川を下したものではないかと思われる。すなわち、山中で船を造ることも十分考えられていい。

たとえば紀貫之が土佐から任期が満ちて帰って来る船はそのまま淀川をさかのぼっていったようで、外洋を航海する船も、川船も区別がなかったと見られるし、道の十分発達しなかった以前は川は山地と海をつなぐ重要な通路でもあり、山は意外なほどつよく海にも結ばれていたのではなかっただろうか。これらのことについては別に考えて見たい。

四　木工民

山中の焼畑作農民の中には狩猟系以外に今一つの系統があったように思われる。杣・木地など木材採取を主とするものがこれである。そしてそのうち木地屋は早くから問題にされて来た。

ては木地屋がどのようにして全国に分布し発展するにいたったかということについては今日まで十分明らかにされているとは言い難い。伝説では小野宮惟喬《これたか》親王が京都からのがれて近江の琵琶湖の東、小椋村の山中に入って御所を定め、その家来の小椋太政大臣実秀というものが、ろくろ挽きをはじめたといわれている。しかしこれはどこまでも伝説にすぎない。

元来近江湖東の山中が山作所《さんさくしょ》として開発されたのはこの山中が東大寺の杣として東大寺建立の材木をこの山中から供給することにはじまると考える。山作所は甲賀と田上にあり、それは神崎郡より、ずっと南にあたる。山作所というのは今日の伐木事務所にあたるもので、労務にあたったものには工と夫があった。工には木工と雑工があり、木工には司工、雇工、様工の区別があり、雑工には土工、鉄工、榲工がいた。木工というのは伐木、造材、製材、大工のことで一人の人がこれらの仕事をいろいろ兼ねたか、あるいは別々に分業化していたかは明らかでないが、今日から考えて一人で何も彼もできたのではないかと思われる。土工は今日の左官、鉄工は鍛冶屋、榲工は今日の指物師で、それらがすべて山中に入って働いたのであるから、素材を奈良に運んで製材するのではなく、現地で製材したものを奈良へ運んだことが考えられる。

一方、夫の方には仕丁と役夫（庸夫）があり、仕丁は全国各地から庸として徴発されて中央官庁の仕事にあたったもの、庸夫はやとわれた人夫である。このような組織によって山中の仕事はすすめられていったが、木工や雑工はもともと奈良から派遣され、食事も支給されているのである。

この人びとは東大寺建立後奈良へ帰っていったものであろうか。東大寺建立の後も諸寺の建立はつづき、多くの山作所が成立したと思われる。それらの山作所は近江、山城に多かった。つまり材木をはこびやすい川の上流にあったのである。そしてしかも彼らはかなり高い技術を身につけていた。それらの仲間が諸寺建立の機運がおとろえた後も山中にとどまるものが少なくなかったと見られる。狩猟民との文化の上での差は狩猟民は文字を持つことは少なかったが、山作所の木工の中には文字を解するものも少なくなかったと考えられる。そして狩猟民と共通したことは焼畑作りをしたことである。

木地屋根源地の東小椋の奥には君ヶ畑があるが、さらに古くは南畑、北畑と大きくわけられ、この山中に焼畑が広く分布していたことも推定せられるのである。そしてろくろを使用する木工たちは平地民の求めに応じて食器その他を作りつつ移動漂泊を事としたと思われるが、中にはろくろを持たない木工の群もいたはずである。杓子を作る杓子木地がそれであり、鍬柄を作った者も山中に住み焼畑を作り、そのほか曲物を作った曲物師も山中におり、これらは時に漂泊するものがあった。

これらのうちろくろ木地師は先にも言ったように文字を持ったから多少の文献ものこし、またろくろ師仲間の近江を中心とした結束の見られるのも大きな特色である。と同時に彼らはおなじ山民であっても狩猟系山岳民よりははるかに温和であったと見られるのである。

山中漂泊をしたものはこのほかにも多く、とくに宗教者にそれが少なくなかったが、それについてはここでは避けることにする。とにかく山中に住んでいる者について見ると、そこにいろいろの系譜が見られるけれども、旧狩猟民の定住がもっとも大きな比重をしめていた。

五　山岳民エネルギーの去勢

今日山奥深く住んでいる落人伝説を持つ人々の話をきくと、そこにおちて来てからは農耕をおこないながら、世間の眼をのがれて、きわめてひっそりと生きて来たように言っている。しかしその人たちの先祖の歴史をつぶさに見ると決して安穏なものではなく、むしろそこにはたえず闘争がくりかえされていた。平野に住む農民たちよりはるかに荒々しい血をもっていたのではないかと思われる。早くから平野地方の政治闘争に参加して戦ったのは吉野山中の住民であった。大峯山を中心にして、西側の天川、大塔《おおとう》、十津川の村々、東側の川上はとくに名高く、南北朝の政治闘争の盛んにおこなわれた頃の古文書も多数残している。吉野朝廷成立の背後には彼らがいたと言っても過言でないほど勇敢であり執拗であった。そしてその抗争の歴史は一三三〇年頃から一四四〇年頃まで一一〇年余にわたっている。

同じころ九州阿蘇地方でも阿蘇氏が南北二派にわかれて争い、この方は阿蘇氏滅亡までつづくのであるがその抗争に参加したもののほとんどは瘠薄《せきはく》の火山灰地に住む山岳民であった。つまりそこにひっそりと平和な日々をおくっているようなものではなかったのである。

徳島県祖谷山などもすでに南北朝戦に参加した徳善、祖山一族のごときがおり、そのほかに阿波守護小笠原氏の一族である有瀬氏、俵藤太の子孫という西山氏、新羅三郎の子孫という菅生氏などをはじめ、平氏の子孫という阿佐氏もいた。しかしそれらの名主《みょうしゅ》は開発地主であったものは少なく、早くからそこに住みついている山岳民の上に乗った後来の者であったものが少なくないと思われ、この山中に三六名《みょう》が存在したといわれる（『祖谷山旧記』）。

そのほか中部山岳地帯でも山岳民を背景にした小領主が周囲の領主たちとたえず抗争をくりかえしているが、近世初期にいたって強大な政治勢力による徹底的な弾圧をうけそのエネルギーを失ってしまっている。それらの若干の例をあげて見よう。

（一）**北山一揆**　この一揆は大阪冬の陣に関連しておこなったもので、慶長十九年（一六一四）十二月大和北山の河合村の山室というものが、大阪城から内意をうけて帰り、一族の者をかたらい、三〇〇〇人の山岳民を結集して新宮城をせめたが、武器の上で劣るものがあり、忽ち敗走した。

この一揆の原因は山中の民が新領主浅野氏にしたがうことを快く思わなかったことからおこったものであろう。したがって早くから不穏の気があり、領主浅野氏は大阪出陣に際して領内庄屋の妻子を人質にとり、城内に小屋をつくってそこにおき、人質部屋の棟ごとに、その端にシダをつみあげて一揆が新宮へ攻め寄せるようなことがあれば、直ちに焼き殺すようにしてあったというから、おそらく焼き殺されたものであろうと思う。一方、一揆参加の村々三二村から、参加者の主なもの三六三人が捕えられて殺された。一村一〇戸あまりの村であったから、おそらく戸主のほとんどが殺されたものと見られる。その上すべての民家を焼きはらっている。徹底した討伐であった。このようにして山岳民のエネルギーを抹殺してしまったのである。

この一揆には北山以外の紀伊日高、有田、那賀などの山岳民も参加しており、いずれも捕えられて四四二人が殺されているのである（『北山一揆物語』）。

（二）椎葉騒動

椎葉には平家の落人の目付として那須氏が来て住みついたといわれているが、この山中で勢力をもっていたのは那須一族であった。ところが、慶長六年（一六〇一）椎葉は幕府へ鷹献上を命ぜられ、爾後鷹巣見立を命ぜられた。那須氏の中では弾正の家が勢力があり、椎葉全体の統率者になり上っていった。その弾正家に久太郎という者があり、それが山一つ西へこえた肥後球磨の相良氏と隙を生じ、相良氏を討つ計画をたてたが、その一族の中に相良氏へ通報するものがあり、久太郎は国外に走り、幕府へ椎葉の土豪が鷹巣山を奪おうとしていると訴えた。そこで幕府は延岡藩の高橋元種に討たせたが、討伐ははかどらず、一応和睦し、久太郎は幕府の朱印状を得て郷里へ帰った。しかし山中の土豪はそうした幕府の権威に屈するものでなく、久太郎を殺してしまった。その巻き添えをくって那須主膳の子仙千代が殺されたので、主膳がこれを幕府に訴えると、久太郎を殺した那須一族の一二人衆を捕えて切腹を命じている。そしてその後この山中に討伐軍をさし向け、山中の十五歳から六十歳までの者が出頭するようにといっているが、その後の事情は明らかでない（『椎葉山根源記』）。

その前、豊臣秀吉はこの山中にも検地をおこない、そのときも山中の民はつよい抵抗をこころみて、人吉藩相良氏が討伐の命をうけ、まず山内各組の組頭を人吉によびよせて斬殺し、ついで椎葉に攻め入り、一、〇〇〇余人を捕え、その中一四四人を斬っている。実際にはもっと多かったと思われるが、そのような殺戮があったにもかかわらず、さらに大きな抵抗がつづき、あるいは十五歳以上六十五歳までの男子の皆殺しのあったことも考えられる。そのため椎葉山民は、江戸中期までたえず物におびえたように他藩への逃亡をつづけている。とても那須大八と鶴富の伝説のような世界ではなかったのである。そして、相つぐ討伐にあって、今日のような椎葉が生まれて来る。

(三) 本山一揆

土佐でも慶長五年(一六〇〇)関ヶ原戦後、新領主山内氏との間にはげしい抗争がくりかえされ、そのうち山岳地帯の本山《もとやま》を中心にした一揆は徹底した抗戦をした。藩ははじめこの地から三一人の人質をとったが、これを殺し、ついで一揆に加わったものを謀計によって浦戸におびき出して七〇余人を捕えてはりつけにした。本山での聞きとりによると、一揆のたてこもった滝山というところは一戸のこらず焼きはらわれ、十歳以上の男子は皆殺しにあったという。その話が真実ならば北山一揆の討伐と軌を一にしている。

先にあげた西条藩前大保木山の数十人の者が死刑にあった話もおそらく本山に見られたと同じような抵抗によるものと見ていいのではないか。

本山の場合は一揆の鎮圧までに満三年の時日を要している。

(四) 祖谷山討伐

祖谷山も天正十三年(一五八五)蜂須賀氏が、長曾我部氏にかわって領主になってから、討伐をおこない、三六人の名主のうち斬られるもの七、土佐に逃亡するもの一一、もとからの名主は一八人になったが、元和六年(一六二〇)蜂須賀氏はさらにこの山中の刀狩をおこない、これに抵抗する一二名主をほろぼしたから旧来の名主は六家にすぎなくなったのである。おそらく大きな殺戮がおこなわれたと思われるが記録は残っていない。

以上見られるように中世にあってもっとも活溌な武力活動を見た山岳民居住地帯は近世初期相ついで徹底した討伐にあい、その山岳民的エネルギーをそがれてしまっている。

山岳民の去勢は単に外部からの討伐によるだけではなく、内部における抗争もまた多く、それによって自らのエネルギーを失っていったものもあると見られる。たとえば、長野県遠山の遠山氏を滅亡せしめた遠山一揆のごときもそれである。伝説では重税にたえかねた住民が一揆をおこし、領主遠山土佐守を斬殺したことになっているが、事実は土佐守の死後、後嗣問題から遠山家内部の争いがおこり、それにつれて一揆をおこし、領主遠山景道を斬殺している。これによって遠山氏はほろびることになるが、同時にそれに対する幕府の弾圧のあったことも考えられる。

（五）石徹白騒動　越前石徹白におこった宝暦四年（一七五四）の騒動は徹底した村内の騒動であった。この地は白山登山口の一つで美濃口とよばれたところ。登山者を案内したり宿泊させたりする御師の村であった。この地に上村豊前というものが出て、京都の吉田家に結びついて次第に勢力を得、石徹白の支配体勢をかためにかかる。これに対して反対する者八二名は寺社奉行に連署して訴えたが、寺社奉行は上村氏の肩を持ち八二名の訴状をしりぞけた。そこで八二名派のものは相ついで江戸へ出ていわゆる越訴をおこなうことになる。これに怒った上村豊前は郡上《ぐじょう》藩から足軽二三人の助けを借りて石徹白一二〇軒のうち、自分に反対する九六軒五三四人の者を飛騨白川に追放している。そしてあとにのこした家や家財を破却してしまった。追放された方の代表者杉本左近のねばりづよい活動によって上村豊前が追放されて、四年後一同は村へ帰って来るが、その間七二人が餓死している。このような抗争は平野地方では見られぬことであり、争いは実に徹底しているのである。(『越前石徹白民俗誌』)

山岳民の持つこのようなエネルギーはいったいどこから出たのであろうか。またその意地といったようなものは何によって生れたものであろうか。その追及はこれからのことになるであろうが、その起原を狩猟社会にもとめることはできないであろうか。

元来稲作農民は平和を愛し温和である。日本文化を考えていくとき、平和を守るためにあらゆる努力をつづけ工夫したあとが見られる。にもかかわらず、一方には武士の社会が存在し、武が尊ばれている。しかもその武の中には切腹や首斬りの習俗が含まれている。それは周囲民族の中の高地民の持つ習俗に通ずるものである。そこで日本における武士発生の基盤となったものは狩猟焼畑社会ではなかったであろうかと考えるようになって来た。九州の隼人も山地の緩傾斜面で狩猟や焼畑によって生計をたて、関東武士も畑作(古くは焼畑が多かったと見られる)のおこなわれた山麓、台地を基盤にして発生しているのである。

古い縄文期の民族的な文化が焼畑あるいは定畑などを中心にした農耕社会にうけつがれ、一方水田稲作を中心にした農耕文化が天皇制国家を形成して来る。そしてこの二つのものはずっと後々まで併行して存在し且つ対立の形をとったのではなかろうか。もとより武士社会も中世以来は水田稲作と結びついて来るが、戦闘的できわめて勇敢であった武士団が多く山間や山麓台地に発生している事実は見のがすことができないと思う。

ここにのべたところは推定であり、試論の域を出ない。目のつんだ追及は今後に待ちたい。なお山岳民のうちに入るべき山伏、山中聖などの問題も以上のべてきた線にそって考えて見たいと思っている。

（「民族学研究」三二巻四号　日本民族学会　一九六八年三月）

〔註（本文中の※）〕

128頁　寺川郷談　寺川郷談は春木次郎八という土佐藩士が寛延四年（一七五一）春から翌宝暦二年（一七五二）春までの一年間、山役人として寺川に滞在した際の見聞記で、江戸時代中期末の土佐山間の生活をつぶさに伝える記録として知られている。『日本庶民生活史料集成』第九巻所収の寺川郷談に付された坂本正夫氏の解題によると、寺川郷談には十有余の写本があり、内容に異同が多いという。本書で宮本先生が紹介している、「麦ほめ」や「昔は土佐の国…」などの記事は『日本庶民生活史料集成』所収の寺川郷談（中越本）には見いだせず、別本であることがわかる。また太田南畝が編輯した『三十輻』第三所収の寺川郷談とも異なっており、宮本先生がどれによったものか未確認である。御教示いただければ幸いである。

身を寄せ合う暮らし

日本は、はやく七世紀の初めに民族国家が成立し、中央政府が強大な権力をもって統治するようになったことから、地方はたえず、中央に支配され、中央は地方に優越するものをもっていた。途中鎌倉と江戸に武家政治の中心の移ったことはあったが、これらの中心をこえるような地方文化の栄えたことはない。中央が地方に対して強大な力をもつということは、いつの世にも地方民に決して幸福をもたらすものではない。中央から遠くはなれたところはいつも忘れられ、おいてけぼりをくうからである。

まだ文化のすすまぬ社会では人々はできるだけ寄りあつまって助けあおうとし、身にせまる危険も共同分担しようとする。鹿児島から南の島々には、土地を共同に区分し、クジ引きで耕作する方法がつい近ごろまで生きていたが、同じようなことは下北半島の尻屋付近にも見られた。海草をとっても草を刈っても同じように分けあい、村であたらしく分家する者があれば、共有地を平等に分け与えるふうがあった。

山の中もまた同様で、そこにはもとひろい共有山があって山民はそこを共同利用し焼畑もつくれば草も刈り、また放牧にも利用した。いろいろの事情で共有地のなくなったところには早く大きな山林地主ができて、それらはまた多くの家族や下人《げにん》をかかえて、大規模の経営をしたものである。飛驒の白川村は大家族で知られていたが、白川村の西、白山の南の石川県白峯村にも、明治の初めまでは一家で五十人も家族をかかえている家が見られた。

これはまた周辺の場合も同じで、北上山脈の山中などには山名子《やまなご》とよばれる下人の家を二〇〇軒もかかえた家があった。熊本県下筌《しもうけ》ダム建設に反対して新聞種になった筑後川上流地方の山間にも〝アラケ〟とよぶ開墾地主が一谷ごとにいて大きな勢力をもち、多くの分家と下人をかかえた経営をしていた。

そのうえ、国の周辺や尾根と尾根の間の谷々には戦争にまけたり生きることに追いつめられたりした人々が征服者の圧迫をのがれ、その目のとどかぬ世界をもとめて入り込んだものが多かった。平家谷の伝説のあるところは、たとえそれが平家の落人ではなくても、たいていはいつかの戦争にまけてにげこんだ者であった。そしてできるだけ世間の人に知られぬようにして暮らしたために、いつまでたっても交通は不便で、そのうえ古い文化がのこった。そういう村々で戦後水力電気のダム建設のために追いはらわれたものが何十というほどあるが、身にしみついた敗者の生活というか、初めは多少の抵抗もするがおどろくほど素直にどこかへ散っていった。それらの中でお役人たちがよい気になって、おどしたてて追いたてようとしているとき、たまたま目のさめた人がいて抵抗したのが只見川や下筌の事件であった。

山の中でけわしい山坂をのぼり下りして焼畑をつくり、野獣とたたかい、なだれを気づかいながら生活していても、それらの過酷さは人間の持つ過酷さよりはやさしかった。彼らは善良で、働き者であったが、山を下って町の中へはいってくると、そこにはその金に目をつけ、善良さに乗じて、いろいろの手でだまして吸いあげてしまう者がいて、その非情さは自然のきびしさと比較にならぬほどつよいもので、たちまち彼らをまた町のチマタで敗者にしてしまった場合が多い。

国の端々の住民たちも生活にやぶれ、政治の外へのがれ出て暮らしをたてようとした者が多く、そのため中央からは忘れ去られた存在であった。佐渡や、伊豆の島々、隠岐、壱岐、五島、屋久島などのような不便なことで人の話題になる周辺の島々は、ただでさえ不便であるにもかかわらず、そこが流罪地にあてられて、一般の住民さえ本土に往復することを極度に制限せられたものが少なくなかった。そして伊豆諸島や西南諸島のように江戸時代には本土との往復が一年に一度しかなかったところさえある。その不便さにたえて人々は生きつつ、一方本土や中央の者は島が不便なのはあたりまえと思い、その不便、その時代おくれは、その土地に住む人が当然背負わねばならぬ荷のように考えてきた。

こうして国の端々にはいつまでもとりのこされた世界が存在し、そういう人たちの生活を気の毒がり、また自分たちと対等なものに引き上げようと努力するまえに、中央や中央に近い人々は自分たちの生活がそれより上にあることをほこりに思い、彼らの生活を軽蔑した。いなか者が町へ出てきて、いろいろの失敗をする一連の笑話をおろか村話とよんでいるが、そのおろか村の対象になるのが山中の村であったのはそれを物語る。

そして山間への文化の浸透は山間の人々が求めてなされるよりも都会人がダム工事その他で入り込んでいって山間民の生活体系を破壊しつつなされた場合が多い。

（「日本の周辺と尾根」1　中部日本新聞　昭和三十五年七月五日）

豊松逍遙

一　散策の提唱

これまで観光地とよばれて人びとの多く集まったところは、景色がすぐれているとか、歴史的な遺跡があるとか、社寺や美術的価値の高いものがあるというようなところ、あるいは温泉のあるところなどであった。

そういうところには大きい旅館やホテルが建てられ、観光バスが周遊し、団体客がおとずれ、ミヤゲ物店が軒をならべているというのが共通した風景であったといっていい。

しかし自動車が発達して来ると、すぐれたドライブウェーのあるところ、または自分自身が身体を動かして遊びたのしむところが求められるようになっていった。

いっぽう山野をあるいてたのしもうとするハイカー・登山者たちの群もずいぶんふえて来て、休日には何々コースと名付けられる道すじには人があふれるほどあるいているのを見かけるようになった。

こうした旅の仕方のほかに、もう一つそれとない旅ともいうべきものがあるのではないかと思う。

散歩とか散策とか逍遙といわれるものである。物々しい支度をするのでなく、ふだん着のままで出かけていって自然や人文景観に親しもうとするものである。国木田独歩の『武蔵野』はそういう歩き方を教えたすぐれた書物であり、この書が出て以来、武蔵野を散策する者はきわめて多かったが、その武蔵野もいまはない。関東平野全体が騒々しくなって、静かに自然の声を聞くことのできるようなところは何程ものこっておらず、どこへいっても自動車の騒音をきくようになったし、少し高いところへ立つと、どこかに高い煙突と工場と煤煙を見るようになった。

しかし関東平野をはなれると、人間が自然の中へ抱かれるようにして住んで来ている世界に接することができる。そういう風景は平凡であり、どこにもあるものであるが、都会であわただしく暮らしている者には不思議なほど心をなごやかにしてくれる。世の中がいそがしくなり、目まぐるしくなればなるほどそういうものにひかれる心も強くなって来る。

あるいているところを自動車に邪魔されることもない。何時までにどこへゆかねばならぬということもない。そういう気ままさの中に身をおいて、物思いにふけり、またすべてのもののたたずまいの美しさにふれることのできる散策はこれから次第に都会生活者の、それも頭脳労働者の間に求められはじめるのではないかと思う。

ただそういうところがどこにあるかということになる。山が高く、谷がふかく、道がけわしくては、ふだん着ではあるけない。散策に適した自然としては中国地方の山中はそのすぐれた地域の一つではないかと思う。山はそれほど高くなく、谷もそれほど深いものはない。仮に深い谷、けわしい山があると見えても、そこをのぼってゆくと、その上には浅黄色の空のひろがる高原がある。「おーい」と力いっぱい叫ぶとその声がどこまでもどこまでも届いていくようなところである。高いところには松が多く茂っており、浅い谷は田になっている。田と林の境のようなところに民家がそれぞれ思い思いに点々と散在している。人にあうまいと思えば松林の中の道をゆけばよい。人にあいたければ稲田の中の道をゆけばよい。歩いて息のきれるような坂はほとんどない。そして奥へ奥へと歩いていっても、ここはほんとに山奥だというようなところはあまりない。どこまでいってもおなじように人が住みおなじような暮しをたてている。そして特別に変った世界はないのだが、いちど訪ねると、また訪ねてゆきたいような物恋しさをおぼえる。

二　豊松への道

そうした中にあって私のとくに心をひかれているのは広島県神石《じんせき》郡豊松村というところである。地図でその場所をさがしてみると、福山から北の方へおよそ三〇キロほど、岡山県との境にある小さな村である。

私がはじめてこの村を訪れたのは、今から一〇年ほど前、昭和三十八年のことである。この村で古い民具をあつめはじめているので見に来てほしいとのことで出かけていった。福山からバスで新市という町をすぎややや峡谷らしいところを川にそってさかのぼってゆくと、地形のなだらかな浅い谷のそここここに人家の散在する高原状のところにのぼる。やや家の密集しているようなところは道が十字路かT字路になっていて、おそらくは車道が通ずるようになってから発達したところではないかと思う。

その土地が古くひらけたか、新しくひらけたかを見る規準になるものが一つある。そこに由緒ありげな神社があるかないかである。由緒ありげな神社とは大きな杉の茂っている森があるとか、社殿に古風をとどめている神社のあるところである。それなくして人家が密集しているところは、たいてい近頃ひらけたと見ていい。今一つ神石郡に入ると宗兼・光末・常光・光信・平忠などと名田《みょうでん》を思わせる地名が多くなる。そういう古い人名が地名になっているところは、だいたい鎌倉時代にひらけて来たところと見て大してあやまりはないようである。つまり山中にあっても、十三世紀の頃にはかなり開発が進んでいたと思われる。

ほとんどおなじような風景に散在している家もよく見ると、おのずから五、六軒くらいずつが比較的群になっていて、まだ草葺の農家が多く、農家は石垣の上に立っているといったような浅い谷をすぎると、丘の上に家の連らなる古風な町のあるところにのぼってゆく。そこが油木《ゆき》である。一すじ町で家の数もそれほど多いとは言えない。しかし丘の上に家のならんでいる風景は牧歌的なものである。この地方にはこうした町が少なくない。庄原市市町などもそういう町の一つということが

広島県神石郡油木町（昭和40年12月）

できよう。岡山県へはいると高山市《こうやまいち》、八日市、円城などがある。山の上、丘の上に町ができるというのはその周囲の村々の者がのぼっていって市をひらくのによかったからである。しかも油木の町の発達は古かった。それはこの町の鎮守神油木八幡宮の森を見るとよくわかる。昭和四十五年九月の台風で大半の杉が吹きたおされてしまったが、それまでこの神社の森は全く見ごとなものであった。鳥居から社殿までの間の参道の両側の杉はいずれも五百年をこえるものと思われた。それがうっそうと茂っていた。その木の古さとゆたかさが、そのままこの町の歴史を物語っているように思えた。

豊松の中心をなす四日市はこの油木からバスで東へ四キロあまりのところにある。家の数は百戸に足らぬが、ここもまた古くからひらけたところであることは、町のすぐ東の鶴岡八幡宮の森で知ることができる。鶴岡八幡の森は油木八幡にくらべると面積はせまい。しかし、そこに立っている杉は油木八幡より大きいものが多い。大きいものでおそらくは六、七百年位のものではな

油木八幡の杉（昭和40年12月）

いかと思われる。それはまたそのままこの神社の古さを物語るものであろう。

四日市へはたびたび行った。二度目のときはやはり福山からバスに乗ったのだが、こんどは新市を通らず、福山からまっすぐに北へ向って、加茂町の中野というところからゆるやかな坂道をのぼっていった。途中で姫谷というところをすぎる。ここで江戸時代の初頃、伊万里風の色絵の磁器を焼いたことがある。姫谷焼といっている。ほんのわずかの間焼いたもので、数も少なくいまは非常に珍重されているが、その窯跡の碑が松山の下に立っている。そこからさき、道は尾根の上に出る。丘のような山が低く起き伏して、それがずっと北の、出雲、備後の境の道後山の方までつづいている。谷の田も家もほとんど見えない。花崗岩地帯だから山肌は白か赤茶けた砂地でそこに松が茂っており、道ばたのいたるところにオミナエシ・ナデシコ・キキョウが咲いていていた。

時折家のあるところを通る。どの家もひっそりしている。みな田畑や山に働いているのであろう。井関というところから、また浅い谷へ下っていくのだが、どこまでいってもおなじようで、平栗というところで、新市から来た道といっしょになり、油木へゆく。

加茂を通る道はいま福山と東城を結ぶ国道に指定され、道路の幅をひろげ、カーブを削り、舗装し、すばらしい道になって来た。油木から福山へは昔は遠い道であった。みな徒歩で、途中の百谷《ももだに》というところで一泊しなければならなかった。国道が完成すると一時間ほどでゆける。

豊松へは備中の方からも入ってみたことがある。冬であった。高梁《たかはし》というところで一泊した。そこは備中松山ともいって古い城下町である。そこからバスに乗って、成羽川《なりわがわ》の渓谷を奥へ奥へとたどって、阿部山というところから南へ切れこんだ谷をのぼってゆく。まっすぐに南へゆけば高山へ出る。途中の長谷から西の谷へ入って、急な坂道をまがりくねって上ってゆくと高原の村下郷へ出る。いま備中町のうちになっているが、もと平川村といった。高原の上は雪で真白であった。道の両側の家々は戸をとざし、店屋も硝子障子をしめてひっそりしている。雪は四〇センチあまりもつもっている。

ここには平川という旧家がある。中世の古文書をのこす親方の家で、この村の人の多くはこの家の子方であった。このあたりの村にはこうした親方が子方と共に入り来って開墾してその地域の小さな領主となり、村を作ったという例が少なくない。平川の西南の有木《あるぎ》などもその一つである。

平川から四日市あたり（昭和40年12月）

ここには有木という旧家があった。備後吉備津神社祠官の子孫といわれており、おそらく中世以来この地に住みついたものであろう。明治維新のとき、没落して、いま屋敷の石垣のみをのこしているが、平川氏の方は今日までどうにか持ちこたえて来た。

昔のことも少しきいてみたいと思ったが、雪の中ではどうしようもなくて、下郷から西へ峠をこえた。峠の上には金平《かねひら》という鉄山があって鉄をとっていたが、雪で仕事は休んでいるらしかった。峠から西へ半道ほど下ったところに仁吾《にご》という在所があり、そこの道ばたの小さい店でしばらく休ませてもらった。そして人心地をとりもどしたのだが、そこから谷の道を南へ四キロほどゆくと四日市になる。そのあたりにはほとんど雪はなかった。

豊松へ入る重要な道が以上のほかにまだ二つほどある。その一つは備中高山市の方から杖立を通って四日市の南の上豊松の天田《てんだ》に出るものである。この道はまだ歩いていない。

いま一つは村の西北、成羽川のほとりから天田川の谷にそうてのぼって来るものである。石原谷、妙楽寺谷などを通って四日市に達するものである。

豊松村の北の境は成羽川の流れで、この川は深い峡谷をなして流れていて、もとは高瀬舟がかよっており、砂鉄、材木などの物資の輸送路として大いに利用されていたが、いまはダムができて流れに沿うた古い部落のいくつかが水没し、河川交通に終止符をうった。

三　神々の祭

さて豊松を散策の地として登場させてみたのはまだ自動車の通らない道の多いこと、通っても数の少ないこと。そしてそこに古くからの人間のいとなみのあることとである。

この地方の開発の早かったことはこれまでにものべたところだが、複雑な地形のそこここのゆるやかな丘の斜面、谷などに、家が五戸一〇戸、何となく群をなしているようにちらばっているが、このような群をこの地では昔は名《みょう》といったという。そしてそのような名が、村内に九六もあるといわれている。名にはそれぞれ荒神をまつっている。荒神はその土地を守る神と見られ、開墾がすすみ、名が成立してゆくたびにまつられたもので、近世初期に比して、幕末の頃にはかなりふえている。しかし古い名の中には中世の初頃までさかのぼるものが少なくないと見られ、古い五輪塔を荒神としてまつっているものもあり、中には円墳を荒神としてまつっている例もある。

荒神をまつる家を荒神元といっているが、それは名の中の旧家である。その中には中世以来つづいているものもあるが、住んでいる者が交代して血のつながらなくなったものもある。荒神はりっぱな社をもっているものもあれば、小さな祠であったり、時には自然石をたてただけのものもある。

そして一年に一度は荒神祭をしている。たいていい十二月頃におこなわれるのだが、その日は荒神元の家へ名の人たちが集まり、神主がやって来て家々の幣をきり、それを神床にまつっておはらいをし、一同は荒神さまのところへまいって幣をたて供物をし祝詞《のりと》をあげて戻って来る。そして酒盛をおこない、それぞれ自分の家でまつる幣を持ってかえる。一見畑の中に何の奇もなく立っている自然石に対しても村人はおそれと尊敬をもっていたのである。

そうした名の荒神元たちが、村の秋祭のときにはお宮の宮座に参加している。

広島県神石郡豊松村（昭和40年9月）

村の仕事は屋根ふき、道つくり、葬式をはじめすべて名が単位になって助けあっておこなったものであった。名の者がみんな元気であり、仲よく暮らしていくことができれば、それが村人にとっては一番幸福なことであった。

稲が黄色にうれはじめたころ、私は矢原《やばら》というところの村祈禱に参加したことがある。鶴岡八幡宮の神主赤木勇夫さんが、是非来るようにと言って来たので、出かけていった。矢原は四日市の南一キロあまりのところで、家は十三戸ほどある。そこの荒神元をしている家を土居という。その名のごとく、家の前は低い崖になっており、家の後には空堀がある。小さいながら城の形をしたもので、そういう構えを昔は土居といった。そういう家がこのあたりにはいくつもあるという。土居さんの家には荒神のほかに木野山神社もまつってあった。その前で祝詞をあげ、神霊を神輿にうつし、それを二人の人がかつぎ、先頭に幟を持った者が立ち、次に太鼓を背負った者、たたく者、次に神輿、神主とつづき、何も持たない人びとがそのあとについて、十三軒の家を一番端から次々に祈禱してあるく。どこの家も表座敷をあけはなち、神輿はその座敷の床の間の前におき、神主が祝詞をあげると一同はこれに唱和し、終ってその家の者が礼拝し、そのあと簡単なお膳が出る。家によって鮓《すし》を出す家もあれば、お萩餅を出す家もあり、あんの入った餅を出す家もある。お酒も出る。簡単な食事といっても、いちいち食べてゆくのだからお腹一杯になり、酒にも酔うて来る。一軒の家にだいたい一時間はかかるから、十三軒目の家になると、もう夜中近くになる。みんな酔いみんな満腹で、みんな満足して解散する。

村祈禱はめぐり祈禱ともいわれ、支障のないかぎり、一年に一度はおこなう。そしてそれは暦日がないといってもいいほど平和でのどかなこの山中の人たちの心ゆくまで楽しく語りあえる行事でもある。

荒神の祭の中でもっとも大切なのは神殿《こうどの》神楽で、これは十二年目に一度おこなう。名がいくつか集まった地域を組といっているが、その組が単位になっておこなうもので、組の中に神殿屋敷とよばれるところがあり、そこに神殿をたてて神楽をおこなったという。神殿というのは丸太などを組みあわせ、茅で屋根をし、菰で壁をつくったもので、その中で神楽をおこなった。いまは神殿をたてず、在家の座敷でおこなっている。

めぐり祈禱（昭和40年9月）

夕方になると、もとの頭屋《とうや》であった家へ神主が集まって、神楽をおこない、神の降臨をあおいで、神を小さい神祠にうつし、それを村人が新しい頭屋へかついでゆく。そして新しい頭屋の祭壇に神祠をまつり、夕飯をすますと神楽になる。神主たちは曲目によって服装と面をかえる。曲目はたくさんあるが、天岩戸《あまのいわど》、恵比須《えびす》、八岐大蛇《やまたのおろち》など一〇あまりもあり、それを舞っていると夜があけてしまう。そういう神楽がいまもおこなわれている。

とにかく神の祭の盛んなところであるが、その祭の組のもっとも小さなもの、しかも基礎になっているのが荒神を中心にした名の祭である。平凡に見え、それぞれ思い思いに生活しているようにみえる家々もこうした絆によって結びついており、またそのことによって人びとは安んじて生活している。

しかし、さらに組がいくつか集まってできた旧藩時代の村は、村同志がかならずしもしっくりと結びついてはいなかった。旧藩の頃には、豊松は上豊松・下豊松・笹尾・有木・中平《なかだいら》などにわかれており、上豊松は幕府領、下豊松は豊前中津藩領で、領主がちがっており、それぞれ氏神があった。氏神では祭のとき宮座がおこなわれ、また神楽がおこなわれた。町村合併がおこなわれた明治中期以後は鶴岡八幡の祭に村中の者が参加するようになった。もとより鶴岡八幡はこの地方の豊松庄・日野庄・日谷庄・篠尾庄・只原庄・油木庄・花済《はなずみ》庄・備中国後月郡《しつきぐん》川手庄の総氏神であったという記録もあるが、これはまだそれを証明するような資料がでていない。おそらく祭をおこなうには神楽がこれにともない、その神楽をおこなうために多数の神主の参加を必要とするから、祭を中心にして神主集団のようなものが組織されており、鶴岡八幡宮の神主がその総元締ともいうべき注連頭《しめがしら》をつとめていたのではないかと思う。だからあるいは中世には鶴岡八幡を中心にして多くの神官たちの集まった盛大な祭がおこなわれていたのかもわからないが、近世に入って、政治的な領有関係が複雑になり、祭も村々でばらばらにおこなわれるようになったのかもわからない。

それが明治になると鶴岡八幡を中心にした豊松村一村の祭になって来る。そしてそこには中世の祭のおもかげを見ることができ、神楽も何番か神前に奉納せられるのである。

四　山に住みつく

古く過ぎ去ったことばかり詮索してみても仕方のないことであるが、民衆の歴史というものは地についたキメのこまかなもので、それが土にしみこんでいる。だから土地の人にとっては過去もまた現在なのである。

山の傾斜面の段々畑も何百年か前にひらかれて今日まで作りつづけられて来た。谷の田もまたおなじように作られた。一枚一枚の田や畑もひらかれた当時そのままのものが多いであろう。そこにある家も建物は新しくなっても位置はそのままのものが多いであろう。それだけにそこに住みついた最初の人の夢をさぐりあててみることができる。

家がばらばらに間隔をおいて散在しているのもわけのあることであった。そういう家はたいてい家の周囲の田や畑を持っている。さらに畑の後の山林も持っている。家によってその広さは少しずつ違うが、耕地だけで一・五ヘクタール内外、それに山林が五ヘクタールから一〇ヘクタール位ついている。もとはそれだけあれば細々とでも生活することができたのであろう。そうして大きな地主というようなものもなかった。仮に耕地を五ヘクタール以上ももっている者をみると、他人の土地を買いあつめて大きくなったものであった。

そういう土地はたいてい他人に小作させていた。そしてどの家もだいたいは自作を建前としていたのである。それでは、それぞれの土地に住みついて、何百年というほどその家が生きつづけて来たかというと、そういう家もあったであろうが、家の生命は案外はかなくて何回も死にたえることがあったと思われる。豊松の北端に近いところにヌル田というところがある。そこの前ヌル田という屋敷名の家は荒神元をつとめているから、このあたりの開発地主であったと思われるが、幕末の頃には死にたえて荒れるにまかせていた。土間に大きな竈《かまど》があり、釜が据えられたままになっていたが、村の人がそこを通りかかるとその釜の下からキジがとびたっていった。「誰か住む者はなかろうか、荒れてしまうが」といって、その男は悲しんだ。その話が方々へつたわっていった。

その頃油木の者が成羽川のほとりの谷に住んでいた。兄弟が四人もいて、分家さすには土地がなく、谷の家に仮住居していたのだが、この話をきいて空家へ移り住んだ。庄屋・組頭の許可さえ得れば、そこへ住むことができ、その家の財産を継承することもできた。そのかわり、前に住んでいた人たちの祭は絶やさないようにおこなわねばならなかった。前ヌル田の墓地を見ると、中世末と見られる五輪塔が二基ある。また年号のあるものでは元禄六・八・十六年というのがある。その二基は南無妙法蓮華経の文字があり、一つは真宗の戒名がついている。あるいは二軒のものを一つにあつめたものかわからない。中世以来の家が幕末の頃に死にたえたのか、中

前ヌル田の墓地（昭和40年12月）

世の家がたえて、元禄の頃別の家がはいって来たのかわからないが、家屋敷そのものはつづいておりつつ、中味は何回かかわったのではないかということを墓石が暗示してくれる。

このような例は多かったそうである。大きな家ならば養子をもらうこともあったが、一般の百姓になると、死にたえたら死にたえたままにしておく。しかしその家の分の年貢まで他の者が肩がわりして納めねばならぬから、適当な男がいると、その空家へ入らせて、後をつがせたのであった。これをイセキをつぐといったという。イセキは遺跡かもわからない。

五　牛の講

とにかく昔は貧しかった。その貧しさにたえかねて絶家する例も多かった。貧しさの原因になったのは年貢の重かったこともその一つだが、何よりもみんなを貧しくさせたのは交通の不便なことであった。金を手にしようとすれば、その土地で作ったわずかばかりのものを背負って福山まで売りにゆかねばならなかった。それは二日がかりの行程であった。一番いいのは牛を飼うことで、牛は足があって歩いてくれた。その上近くの市に出すことができた。四日市、仙養市、高山市と市の名のつく所の多いのはたいてい牛市をおこなったところである。

百姓たちが荷持ちをするためにかけた労力は大きくて、田畑の仕事はその合間にするようになり、稲刈りなどは夜松明をもやしたり、月の明りを利用しておこなったという。

いま一見きわめて平和に見えるこの高原の村々の家にも苦渋にみちた生活があった。それが、明治の終頃になって、福山までの間に荷車の通る道ができて、福山へゆく途中にある桃谷の者が、馬車をひいて木炭、米、タバコ、コンニャクなどを積みに来るようになり、村にも馬車ひきをする者ができて、物資が動きはじめ少しずつ生活が楽になって来た。

ことにコンニャクが金になるのは有難かった。このあたりはコンニャクの適地で、はじめは自家用

コンニャクを干す（昭和40年12月）

にと庄屋がすすめたのが、次第にひろがっていった。そのコンニャクが金になることになり、しかも今日では、この地の特産になっている。村の中をあるいていると、いたるところにコンニャク畑があり、畑のすべてをコンニャクの葉が掩いつくしたところもある。コンニャク畑の中にある家はたいてい大きくりっぱである。それはコンニャクの利益の大きいことを物語っている。

コンニャクと牛がこの地方の人の生活を大きく支えて来たといっていい。もう見かけなくなったがこのあたりの谷間の道、尾根の上の道を、三頭五頭と牛を追うてゆく博労《ばくろう》によく出逢ったものである。このあたりの牛を神石牛という。角のつけ根のところが白くなっているのが特色の黒牛で、どちらかといえば華奢な牛であった。その牛を追うて里の方へ下ってゆく。しかし近頃はどの農家の牛小屋をのぞいてみても、みんなからっぽになっている。

このあたりの牛は昔は田を耕起したり、代掻《しろか》きをしたりするために使うことは少なく、荷をはこぶためであったという。それがいつの間にか馬鍬《まんが》をつけて、田の代掻きをするようになったという。

牛は大事にした。大事にしてみても獣医のいるわけではなく、病気になると死なせてしまうことが多かった。するとその牛は山の中へ持っていって埋めた。そして家の近くへ牛ミサキというのをまつった。これはこの次買った牛が病気にかからぬように、死んだ牛に守ってもらうためのものであったという。

また牛の死んだとき万人講をすることが多かった。これは牛が苦しんで死んだときにおこなうもので名《みょう》の者が世話方になって、寄付帳をつくって各名をまわって寄付してもらい、帳面にその人の名をいちいち書きこんでゆく。万人とはきまっていなくて、相当の人数になると、その金で坊さんをまねいて施餓鬼をおこない、地蔵様をきぎむ。舟形光背をもった半肉彫のもので、それに左何々、右何々と行きさきを書いて道しるべにし、下に施主の名を彫ったものが多い。十字路や三叉路になったところに多く、中には一〇近くもならんでいるのを見かけることもある。

そういう道は大きい道ではない。車すら通らないようなところに多い。丘から谷へ、谷から丘へ、細い道をあるいていると、必ずといってよいほど見かけるのである。そして時にはそのまえに花のそなえてあることもある。信仰はまだ生きているようである。

このあたりの村々ではたいてい大山《だいせん》講を組んでいた。伯耆《ほうき》の大山を祭る講であるが、大山様は牛馬の神様として尊敬せられていた。牛を飼っている者たちが参加し、正月、五月、九月に集まる。そして牛の子が生れると米を五合なり一升なり特別に出す。そういう米を売ってそれを旅費にして代表者が大山様へまいって来る。牛のハナグリを買って来て土産にすることが多かった。牛のハナグリは古くなるととりかえることがあり、村の中にある大山様の遙拝所のところへおいた。それがたまって塚になっているのを見かけることもある。

六　山道をあるく

晩夏の一日であった。私は有木というところへいってみたいと思って四日市から歩いてみた。四日市はせまいところである。村のすぐ東が鶴岡八幡の山で、その山の根を油木から平川へゆく道が通っている。この道にT字の形で成羽川の谷から上って来た道が交っている。このT字路に四日市は発達した小さな集落で、役場、農協をはじめいろいろの店もあり、宿屋もここにある。豊松の人たちはいろいろの集まりのとき、みなここに集って来る。村の中心になっているのである。

四日市を北へ出たところから東へ入る谷がある。奥は谷がいくつにもわかれているが、谷は田、田の上は松山で、蟬がしきりにないている。何の変哲もない平凡な谷で働いている人もない。谷の道をゆくのをやめて松山の中の道をのぼってゆく。高くなってゆくにつれて、松の間から周囲の風景がひらけて来る。四日市の西にある米見山《よなみやま》のお椀をふせたような姿が一だんと高く見える。中国山地にはいたるところに米見山のような山姿の山がある。南の方の仙養山も鍋をふせたような山で、おなじような山の起伏の単調をやぶっている。この山中に住みついた人たちは、この山を信仰の対象としてまつった。

丘の上まで上ると南北に通る道がある。白い砂がいかにも美しい。この道が備中の国と備後の国、したがって岡山県・広島県の境をなしている。小型自動車のやっと通ることのできる程度の道である。しかし古くからの道であったようで、道のわかれるようになっているところには牛の供養碑が立っている。誰一人通る人もない。道ばたのハギはもう咲きはじめている。オミナエシ・リンドウ・キキョウなどが思い思いに咲いている。バッタ・カマキリなど生きとし生けるものが、思い思いにその生をたのしんでいる。山の上の道は大きい木も少なく、豊松側がほぼおなじ高さの山の起伏に対して、東側の備中側は山が低くなり、しかも山の起伏はかなりけわしくなる。つまり谷が深いのである。ところどころに家も見える。

日野山というやや高くなった山の南側のところから谷の方へ下ってゆく。道をまちがえたらしく、下っていくほど細くなる。そして谷の底まで下ると、小さな田が重りあっている。一枚の田が一アールあるものはない。三平方メートルもあれば大きい方である。しかもその田にすべて稲が植えられている。せまい谷間で両側は松が茂って日当りもわるいこの田にどうして稲が植えられているのであろうか。近頃は作付制限のために、このような谷田はすべて荒らされているのに、ここにはまだ労してみのり少ない耕作がつづけられている。人の心のはかり知れないものを見たように思う。道は細い。その道が草にうずもれているから、ここを通る人は少ないのであろう。その草の中に腰をおろしてしばらく休む。蟬がふるように鳴く。それがかえって心をさびしくさせる。いまから十年前も、百年前も二百年前も、この田はこのようにひっそりと作られていたに違いない。こういう谷の田は新田ではない。あるいは隠田といわれるものであっただろう。年貢も何も納めずに作る。みのりは少なくても採算はとれた。しかし今は採算はとれない。とれなくてもなお作っている。

日がかげって来たのでまたあるき出した。そして四日市と有木をつなぐ車道へ出た。そこから有木は近い。小さい丘をこえると、目のまえに有木の村がひらけた。中央がやや低く、周囲がゆるやかに高く、村の中央の杉の林は八幡宮の森である。その森の方へあるいてゆく。あまり広くもない高原だが、そこに家はみちあふれている。田も畑も実によく耕されている。全く周囲からきりはなされた別天地である。道ばたの畑で働いている百姓に声をかけていろいろのことをきいてみる。

山中のこの一見平和そのものに見える世界にも戦乱の嵐の吹きあれたことがあった。有木氏は備後《びんご》吉備津神社《きびつじんじゃ》の祠官であったが、有木郷が吉備津神社の社領であったことから、そこを領有するようになり、移住したものと思われる。それが鎌倉時代末、桜山慈俊が後醍醐天皇に応じて兵をあげたとき、有木俊弘は豊松の内藤豊実と共に慈俊に属して北條氏と戦った。有木の東南の丘にその城址があり、近くの藪の中にはその当時の戦死者の五輪塔もあるという。私はその域址の方へはゆかず、有木氏の邸址の方へあるいた。大きな屋敷である。いまは畑になっていて働いている百姓がそれを買いとったのだという。

山の中にあってもたいへん栄えた家で、有木はこのあたりの都で、付近の百姓はみなここへ金を借りに来たという。有木氏は有木札といって銀札も出していた。それが明治になって大政官札にきりかえられたとき、きりかえがつかなくて倒産したのだという。有木氏がたおれると、有木は次第にさびれて来た。

邸址の西に菩提寺がある。そこへいってみる。有木氏の近世以降の墓がならんでいる。墓のそばにいた老女が、いまは墓まいりする人もありませんと話していた。

夕日がお宮の森を赤くそめていたがやがて暮れた。私はそれから細い山道をあるいて四日市へかえった。草の中ではスズムシやマツムシがしきりにないていた。

そしてこんなところにと思うようなところにも家があって、家の中からは明りがもれていた。家のまえの風呂場に火がちらちらもえている家もあった。ここにはまだ古い生活がのこっているようである。西の空の明りが消えると山道は暗く、星明りをたよりにあるいた。星が美しく満天にかがやいていた。

七　高原の文化

私がたびたび豊松へゆくようになったのは成羽川にダムができて、その地区を村内に持っていることから民俗緊急調査がおこなわれた為であったが、今一つはこの地の赤木勇夫氏の慫慂《しょうよう》によるものでもあった。赤木さんは鶴岡八幡宮の宮司をしていた。昭和三十七年、広島県内民俗緊急調査のおこなわれたとき、これに参加して豊松村の民俗調査をおこなうとともに民具の蒐集をはじめた。赤木さんの家は古くは山伏をしていたようで修験道《しゅげんどう》関係の信仰用具がたくさんあった。そういうものを見せてもらいにいったのが初めであったが、古文書なども集めており、その中に宮座の文書のあるのが心にとまった。

二度目にいったときは明治の初頃に用いられていた神楽衣裳をたくさん見た。それがトタン葺の三方吹き放しの粗末な小屋の天井においてあった。置場がないからと言っても、少々ひどすぎる保存ぶりであったが散逸することなく、すべてそろっていた。

神楽面も見せてもらった。桐の木を用いてこの土地の者が彫っており、古いものには安政（一八五四〜六〇）の年号も見られた。このようなもののすべてを集めて保存してもらいたいことをお願いしたのであったが、成羽川にダムができて多くの農家が立ちのきすることにきまると、赤木さんはそれらの農家をたずねて、不要の道具類を集めはじめた。成羽川沿いの中川原というところでは昔から紙をすいていた。その紙すきの道具一切をもらいうけ、赤木さんは谷底から背負って運んで来た。しかしそれを保存しておく場所がないので、自家の屋敷にある神社の拝殿におさめた。その拝殿は吹き放しであったのを、戸を入れて雨露のかからぬようにした。

また成羽川にそう峡谷には昔はウルシの木が多く、したがってウルシかきを業とする者も少なくなかった。そこでウルシかきの道具なども集めていった。

ウルシを採る（昭和40年12月）

赤木さんは神主で、しかも神信仰の盛んなところであるから、方々の家へ祈禱にたのまれていく。そのたびに農家で不要になった農具や家具をもらって来る。直垂《ひたたれ》を着た姿で異様なものを持ちあるくので初めのうちは気でも狂ったのではないかと見られていたが、次第に協力するものが多くなり、祭祀信仰関係の用具だけでも千点をこえるにいたった。そしてそれらは国の重要民俗資料の指定をうけることになった。

民具ばかりでなく、古い行事も保存できるものは保存したいと考えて、神殿神楽を文化財専門委員にも見てもらい、県の無形文化財の指定をうけた。

この地にはまた供養田という行事があった。供養田は正しくは牛馬供養田というべきもので、田植のとき植え田をきめ、四方にシメ縄を張りめぐらし、田のほとりに棚をつくり、棚の上には神主が大山様をまつり、坊さんが智明大権現の木札をたて御幣をたて、棚の周囲に幕をはりめぐらす。そして神主は祝詞をあげ坊さんはお経を読んで祈禱をはじめる。代掻きにあたって牛馬が田に入り、棚の下を通るとき、神主は大幣をふり、神札を牛馬の鞍につけてその安全を祈り、坊さんは大般若経を読み、一巻ずつ牛馬の鞍につける。これが終ると牛を美しくかざって代掻きをはじめる。それが終ると田植になる。そのときさげとよぶ太鼓打ちが数十人田にならび立ち、大きな太鼓を前に吊り、それを打ちつつ歌をうたう。太鼓にあわせて笛・鉦もはやす。それにあわせて田植をおこなう。その供養田ののこっているところはほとんどないので、赤木さんはその保存も計画して、県の無形文化財の指定をしてもらった。

このように自分たちの周囲を見わたしてみると、いろいろのすぐれた民間の文化財がいくつも残っているものである。しかし多くの人はそういうものに気付かないか、見すごしてしまっており、なくなった後にあわてて保存すべきだったといっている。赤木さんは民具を集めることからはじめて、そうした民俗的な行事の重要性に気がついて来た。そしてこの地を古い民俗のふるさとに仕あげて来たのであった。

民具の方も一万点ほど集まった。りっぱな民具収蔵庫もでき、そこに入りきらぬものをすぐそばの小学校の教室に陳列している。民具収蔵庫は鶴岡八幡宮の東、もと小学校のグラウンドだった所に建っている。そのほかここにはいろいろの文化施設ももうけられて、ここが文化の中心になると面白いのではないかと思う。

中国山地の文化は一見平凡である。民具一つをとってみても、生活そのものは自給度が高かったはずなのに、自給民具はそれほど多くなく、購入したものの方が多い。すると自給よりも交易が発達していたのではないかとも思う。交易が発達していたといわないまでも、市とよばれるようなところが、ささやかながら商人街を形成しているのはそのことを物語るものではないかと思う。

この山中で交易を進めていったのは鉄である。ある時期にはこの山中が大きな鉄の産地だったこともある。豊松から西北へ一五キロほどいった東城は砂鉄の大きな産地であり、成羽川の川底の砂からも盛んに砂鉄をとった。油木の付近にも砂鉄をとったところは多い。その中には江戸時代に採掘したものもあるが、古くからのものが多かった。

砂鉄を掘ったり、精錬したりした者は渡り者が多かった。よい稼ぎ場があるとどこからかやって来て仕事のなくなるまでそこで働く者が多く、中には定住した者があったが、流れてゆくと、再びかえる者は少なかった。ただ地名だけはのこしていった。吹矢谷、吹屋村、鍛治屋床などは砂鉄に関係の地名であろうが、この山中の地形の中で、山を削り、砂を流しこんで作った田が少なくない。豊松では気がつかなかったが、周囲の油木町や東城町にはそういう地形もみかけた。また昔からいろいろの鉄製品がある。東城はもと砂鉄によって発達した町であったといっていい。

そうした古い鉄製品なども集められて保存すべきものではないかと思う。東城町の帝釈峡にはそうした鉄関係の民具をたくさん集めた郷土博物館もある。

豊松を中心にしてやや広域にあるいて見れば豊松とおなじような博物館もあるわけで、それらを通してもこの山中の古い文化のおもかげに接することができる。

赤木さんのひらいた文化財を守ろうとする運動のいとぐちは次第に大きくなってゆきつつあるので

はないかと思う。

そして単に民具や神事舞踊や民俗芸能ばかりでなく、古い住居なども保存することはできないだろうかと思ってみる。このあたりの民家を見ると、開墾者が居住を定めようとするとき、その人たちにとって日あたりのよさ、水の得やすさなどを含めてもっとも生活のしやすいようなところをえらんでいる。そしてそこへ住みつくとき長い将来のことを考えて家をたてている。条件のわるいところに家をたてている者があるとすれば分家か他所から来た者が多い。広い土地があるように見えても余り者が入り込む余地のないほど土地は利用されていることが、家のあり方を見ておしえられる。そしてそれがまた景観の美しさを生み出しているのではないかと思う。ゴタゴタしたところのない風景はそこをあるいていると何となく心にのこるものである。

しかもこのような景観はあわただしく通りすぎるのでなく、静かにあるいてみることによって心にしみるものがある。まして道ばたで働いている人、家の前で休んでいる人に声をかけてみると、そこに生きた人たちの歴史をすらさぐりあてることもできる。

青くすんだ空、あざやかな山の姿、すべてが清潔な感じにみちているが、そこにつつましく生きた人たちの歴史もまたさわやかなものであったことをそこにのこる文化は物語る。

（「あるくみるきく」六八号　日本観光文化研究所　昭和四十七年十月）

信濃路

夏蚕桑すがれしあとに折々に

降り来る雨は夕立に似つ　島木赤彦

初秋の頃信濃路をあるいていると、こうした情景に出あうことが多い。信濃の国は広い。その広い国原は高峻な山の連なりと、その間にはさまれたいくつかの谷からなっているが、その谷の中にはやや広い平地をもったところもあって、佐久平、善光寺平、諏訪平などには早くから多くの人が住んだ。また谷は、ややせまくても、そこが人のゆきかうところになっている木曾谷や伊那谷も古くからひらけており、山の中ではあるが、それぞれ山国にふさわしい生活をたててきた。そのことは島木赤彦を中心にして多くの歌人が輩出し、その人たちの詠みあげた数多くの歌の中にもうかがわれる。しかもそのような伝統が古くからのものであったことは天明三年（一七八三）三河の国から伊那谷を通り、松本平に入り、そこにしばらく滞在して諏訪・姥捨にあそび、天明四年善光寺平から妙高の麓を通って越後に入った菅江真澄の日記「伊那の中路」「わがこころ」「くめじの橋」などにも見えている。伊那の谷にも松本平にも家業のかたわら風流をたのしむような人が多く、暇を見つけては物見遊山に出かけ、また詩歌吟詠のもよおしをしている。そしてそこにはそのような風流をたのしむのにふさわしいような自然があり、また祭があった。

塩尻から峠を北へこえると桔梗ヶ原になるが、この原は真澄がおとずれたころには一面の青野原で、夏になると桔梗が多く咲くので桔梗ヶ原といった。「桔梗が原は青海原のようで、緑のむしろを敷いたように、またうすく紅葉したか、枯草かと見えるのは、刈り残した麦畑であろうか。犀河の流れは北南にのび、竜がわだかまるかたちをしている。黒ずんだ森に白い幡が吹きなびいているのは、お寺であろうか。」（『伊那の中路』）と真澄の書いたような風景が幕末のころまではつづいていた。

桔梗ヶ原にかぎらず、信濃路はすすきが多かった。そして松本の近くにはすすきをまつった「すすきの宮」さえあった。また山麓の畑が蕎麦の白い花一色におおわれたのも五〇年前にはこの国の諸所で見られた風景であった。秋風の吹きはじめたころの高原は空がぬけるように澄みわたり、真白な雲がながれて、すべてが透明であった。人びとはそうした中で生活しまたその生活を高めるための努力をした。明治から大正・昭和の初めにかけては、その谷々を桑畑で埋めてしまったことがある。これほど養蚕の盛んな県はなかった。碓氷の坂をのぼって、善光寺までの間ほとんど桑畑だったことがある。養蚕が不況に

すすきをまつった須々岐水《すすきがわ》神社
（「くめじの橋」『菅江真澄民俗図絵』より）

なると、善光寺平ではリンゴを多く植えた。上田付近は、ブドウが多くなった。伊那谷はブドウ、ナシ、モモ、カキなどにかわっていった。

高原のゆえに久しい間まずしい生活を余儀なくされていた南佐久の村々をあるいてみると、高原蔬菜の畑がゆるやかにうねって、いかにもゆたかである。

自然もまた人のすまいのゆたかさのゆえに美しくゆたかになるものであることを信濃路をあるくたびに考える。そこに住む人たちはきびしい自然に押しひしがれたのではなかった。ゆたかな居住風景の上に雄大な山々がそびえる。それが雪をいただいた様もよい。しかし、雪の来る前の山の紅葉はさらによい。もともと信濃の山は雑木が多かった。その中にはウルシやイタヤカエデ・シラカバのように黄色になるものもあるが、赤紅になるものが多い。南信濃、木曾、上高地など、それぞれに趣をもっている。今はよい林道ができて行くのも容易になっている赤石西側の谷は久しい間人の手の加わっていないすばらしい自然があった。そしてその谷の村々に遠山祭という古い神楽もおこなわれている。遠山祭は霜月の祭である。

しかし紅葉の名所として早くから知られているのは北の戸隠であった。戸隠には昔紅葉という鬼が住んでおり、それが人びとをなやますので平維茂《これもち》が命をうけて征伐に出かけた。紅葉した林の中に幕をめぐらし、散り埋もれた紅葉をかき集め、さし鍋に酒をあたため、酒宴をしているところへ鬼があらわれ、ともに酒をくみかわした。そのとき鬼の飲む酒には毒をいれ、鬼が酒に酔い伏したところを維茂は討ちとった。戸隠の鬼女は早く「今昔物語」にも見えており、謡曲「紅葉狩」に脚色され、後には歌舞伎「栬狩劔本地《もみじがりつるぎのほんじ》」として演じられ、ひろく知られ、幕末の頃までは戸隠の高顕寺で紅葉会といって紅葉で酒をわかし、鬼の霊をまつる行事があった。

はなやかな紅葉の色がこうした伝説をも生んだのであろうが、そのような紅葉が寒風や時雨に散らされたあと雪が来る。そして白一色になる。そして春をまつのである。

信濃路はいつ春にならむ夕づく日
入りてしまらく黄色なる空　　島木赤彦

（「庭」四二号　建築資料研究社　昭和五十三年十月）

山の神楽

民俗探訪の旅をはじめてもう一〇年になる。その旅の記録は丹念にとっていたので、歳をとって余暇が出来たら、その記録も整理してみたいと思っていた。ところが昨年（昭和二十年）戦災ですっかり灰にしてしまった。今はただ忘却の彼方へ押しやるばかりで、やがては何も残らなくなってしまうだろう。そこで思い出すままにあれこれと書きつけてみたくなった。

旅をしていると、何でもないようなことが強く印象に残っていることがある。そしてまたそれが家にいるときに思い出されて、旅情をそそる。そんな思いを綴り合わせてみるのも、一人楽しむだけでなく、また人びととの共感が得られるように思う。

たしか昭和十五年の春二月の末であった。私は日向の山中、椎葉村でひどい雪に降りこめられ、その雪の中を踏んで富高というところへ出たことがあった。雪は山峡を下るにつれて少なく、途中からはバスも通っていた。そして富高のあたりは、空の澄みきっ

宮崎県東臼杵郡椎葉村（昭和15年2月）

て、肉体の中を流れている血までが、青く冷たく澄むようにさえ思われる日であった。私はそこから汽車に乗って、豊後の臼杵《うすき》を志した。そこの石仏を見たいと思ったからであった。

汽車は一つ一つの駅に止まって北へすすんだ。車中はよく空いていて、汽車が駅に止まると、いかにも森閑としていた。そして延岡の北あたりであっただろうか。まだ宗太郎峠を北へ越えていなかったように思うが、山あいの田圃の中の駅に止まった。もう日は斜めで、澄みきった光線が、駅の東方の山の根の白壁の家にあたって、くっきりした明暗をつくっていた。その家のはずれの田圃の中に舞台がつくられていて、舞台の上には二人の男が錦のような着物を着、つるぎを持って舞を舞っていた。袂が大きくひるがえり、つるぎがきらりと光る。そのあたりにはわずかばかりの人が立って見ていた。村の神楽が行なわれているのである。さびしく、しかしはなやかな情景であった。汽車は動き出して、すぐその風景は見えなくなった。

私はその前、大隅半島から日向南部の海岸を歩き、さらに日向山中の米良・南郷・椎葉などの山村を歩いてみた。その深い山襞の底に、五戸、一〇戸ずつ住みついている村々にも神楽があった。岩戸神楽などといって、太古から伝えられているように話しているが、実は鵜戸《うど》から二〇〇年ばかり前にならってきたものであるという。そうじて、このあたりの神官たちは鵜戸で修行してきたのである。鵜戸のほうでは神楽もすたれているが、深山の奥に伝えられたものは、世間が忘れてもだまって持ち伝えていたのである。神楽の時期ではなかったので、その行なわれているところを実際に見ることはできなかったが、神楽面や衣裳などは、いちいち出してもらって見、その中にこもっている山人の情熱をかいだ。はては案内してくれる人の一人が立って、自ら神楽の型を示し、またそのあたりに行なわれる臼太鼓という古風な踊りまで踊って見せてくれたりした。そのポーズを私はまた、はしなくも野の中の駅のほとりに見たのである。

山はなつかしい。山の青空の底に沈んだ村のひそけさの中に、なにやら情熱のいぶきを感ぜしむるものは、神楽をはじめもろもろの神事舞踊である。それがその行なわれる時期になると思い出されてくる。そういう舞踊が、また不思議なほど山の奥に残されている。

四国は比較的そういうものの少ないところであるが、それでも土佐のいちばん山奥、石槌山東麓の寺川、越裏門《えりもん》というあたりには神楽が残っている。いまはわずか五、六人の神楽師が生き残っており、

寺川の子供たち（昭和16年2月）

その神楽師たちのまわり歩くのも、数個の部落にすぎないので、ほとんど忘れ去られようとしているが、それでも村人のほうからすれば、旧霜月の戌亥の日には、これを行なわないと気がすまなかったのである。村の社に集まってきて、村人たちは夜を徹して神に奉仕していた。山の子供たちは、みなそれを見覚えて神楽が上手である。昭和十六年二月、この地を訪れたとき、子供たちは、自らつくった稚拙な面をかぶり、柚無しや羽織を神楽衣裳のかわりにして、石油缶をたたきつつ、舞って見せてくれた。直線的で、ちょうど子供の絵のような感じだったけれど、力いっぱいなのが実にうれしかった。そして、お祭のときにはぜひまたおいでなさいというので、その年の十二月にもう一度訪れてみた。戌亥まつりの日は夕方から雪になった。私は宿をしてもらった山中さんの家の人びとと、谷底にある神社まで下りて行った。ここでは在所のほうがはるかに高いところにあるのである。社は流れを前にしている。前の流れは吉野川の本流で、下って行けば徳島県へ流れ出る。

山中家の人びと（昭和16年2月）

社の前では火を焚いており、拝殿には人びとが集まっていた。神楽師は三人しかいなかった。神に対する正面のところには、四畳半ほどの広さの四隅に榊が立ててあって、シメナワが張ってあり、正面にも榊が立ててあって、その前の八脚には大豆と稗と御神酒と塩が供えてあった。この地では米は一粒もとれないのである。霜月の祭は収穫祭であり、その秋できたものを神に供え、民も食べて感謝する、新嘗の祭である。

人びとが集まってくると、煙草を吸っていた神楽師が、ボツボツはじめましょうかといって、立ってランプの位置を変えた。ここではまだ電灯がついていないのである。そこで神楽舞の邪魔にならないところへ吊りなおしてから、その一人が衣裳をつけ、タチツケをはき、襷をかけ、腰に一刀を差した。そうして、白い大きな四角な布をかぶって、神に向って舞処に坐った。身体はその白布の中にすっかりつつまれていた。呪文のようなことをしばらく唱えていたが、やがて布をかぶったままで立ちあがって舞いはじめた。

四方と中央に対して同様に祈って舞った。それから布をとって刀を抜き、五方の祓をはじめた。他の二人の神楽師は笛と太鼓ではやした。子供たちはいちばん前に坐って眼を輝かして見ていた。

何番かの舞が舞われたが、人の足らぬときは、村の人が太鼓を叩き笛を吹いた。もしさらに人の足らぬときは、村人も交って舞った。なかに酒にしたたか酔うた若者がいて、俺が舞うといって神楽衣裳を着させてもらうと、嬉しそうにしきりに袖など見たり、観客に滑稽なシナをつくって笑わせたりしていたが、はげしい舞に、さらに酔を発して足も手もしどろもどろ、しまいには舞処を出て刀をふりまわしはじめた。みな面白がってはやしたてると、また舞処にもどり神楽師に交ってしばらくは舞う。神楽師はなれたもので、そのあぶなっかしい一人の周囲をたくみに舞って行く。ここの神楽は他に見られるような劇的なものはなく、祓から発達した動作の簡単なものである。それでも人びとは昂奮して、しまいには、例の悪態がはじまった。

「うまいぞうまいぞ大豆一升惜しうないで」

とやじるものがあると、

「ヘタクソヘタクソ」

などとやっつけるものもある。拝殿の中が騒然としてきて、人びとの顔もまっ赤にほてり、正面に近いほうから見ていると、みな大きな口をあけてわめいている。子供たちはとくに真剣である。一舞いすむと村人たちは神楽師にハナをだす。する

神楽（広島県神石郡豊松村、昭和41年12月）

と

「一金一封○○様より若太夫へ下さァる」

と披露する。酒のあった時代には、この舞の止んでいる間に、重箱をひらき、盃をくみかわし、神楽師は足腰の立たぬまでに酔わされたという。それでも舞処に立つと、シャンとして朝まで取り乱すことはなかったそうである。しかしこの二、三年、もう弁当を持ってこず、酒も飲むほどはなくなった。村人すべて集まって七〇人ほどの村で、酒のあったのはどうやら一軒のみらしく、例の酔っている若者がそれである。

「不思議にあの人だけは酔っている。……これで酒があったらどんなにいいでしょう。」

というと、

「あの男は岸の下でも飲んできたのでしょう。」

と一人が笑った。岸の下というのは濁酒のことである。酒がまわってこなくなってから、ときおり、造る人があるようになったらしい。

酒がないと昂奮も持続し難い。結局、十二時すぎには舞納めることにして、最後の舞には、供えてあった大豆や稗をまいた。人びとはあらそってそれを拾った。これを翌年の種にするとよく実るというのである。

神楽が終ると外へ出た。外はシンシンとして雪が降り、もう一尺も積っていた。まっ白に埋めつくした中を、人びとは互いにいましめあいながら里の方へのぼって行った。

その夜は、笛と太鼓の音が、夜通しどこかで鳴っているような気がして眠れなかった。村の一年中で、いちばんはなやかな日なのである。

寺川という所は、土佐の中でももっとも不便であり、また古風なところである。土佐の高知の城下の武士が、年々交代で、ここへ山番にこさせられるのだが、その古風なのに驚いて、筆まめな人の一人がものしたのが『寺川郷談』である。一年の移り変りと、村の習俗を軽い筆でスケッチ風に書いた好ましい書物である。その習俗の大半がいまも残っているところである。ただ変ったことは交通の便利になったことである。明治三十年代までは道らしい道もなかった。旧道というのを見ると、川ふちの崖などは、岩にわずかに足をかけるくぼみがつけてある程度の所さえあった。明治の末年、ここへ牛を連れてきたときには、越裏門から奥の細道は、牛の足をくくって棒に通し、みなで肩にかついで来たという。あの崖の道をどうして歩いて来ただろうと、それさえが不思議なところである。

その寺川に四、五日泊まって、高知の方へ出た。

その前、はじめて寺川へ行ったときの帰りは、吉野川に沿うて下ったので、神楽師の里も通って見ることができた。そしてその一人を訪ねて行った。山で木を伐っているとのことで、家内の者にその山まで連れて行ってもらった。平生は百姓や山仕事をしているので、百姓となんらかわりはなかった。そして昔から神楽を行なうているのである。

「もう大方はやめてしまって、今はわずかに四軒しか残っていないが、自分たちが死ぬと後をつぐ者がない。」

と嘆いていた。しかし、二度目に行って見てから、まがりなりのことなら村の人びともできるという気がした。

四国を歩いていて神楽に出会ったのは、このほかに宇和島の奥から土佐の幡多郡の奥にかけて見られる伊勢祈禱である。土佐と伊予の境である北宇和郡日吉村の音地《おんじ》というところを歩いていると、山の中でしきりに太鼓が鳴っている。聞いてみると、応召の兵士があるので、村の社で伊勢祈禱をしているとのことであった。私はそこの何某といわれる旧家の主人と、土蔵の前に腰を下ろして、その太鼓の音を聞きながら、昔のことどもを話していたのである。その家はもと、そのあたりでもっとも栄えていた名元《なもと》の家であった。立派な石垣が下から見あげられて、もとはお城のようであったと思われるけれども、いまはわずかに倉一つが残っていて、そこに人が住み、邸は畑として耕されている。人のよさそうな品のよい主人に、家の没落して行くのを聞くのはいたましい気がしたが、日あたりの暖かなところで、太鼓の音を聞きながら話していると、そのいたましい話さえがなんとなくのどかであった。

しかし、その太鼓の音は話の途中で止んでしまった。私はそれからまた、谷奥のほうへ歩いて行ったのであるが、それから一週間ほどのち、土佐の中村から、四万十川《しまんとがわ》の中流にある、田野々という所へ行くために、富山村という所を歩いていた。夕方近くで晴れ渡った日であった。そして夕日が山の松や雑木にしみいるように照っていた。その中で、私はまたあの音地で聞いたような単調な太鼓の音を聞いたのである。しばらく歩くと道ばたに鳥居があり、太鼓の音はその上でしていた。私は高い石段を登って拝殿の前に立った。拝殿はしめきってあって、太鼓の音はその中でしていた。太鼓の音につれて、低い声で唱えごとが聞こえる。失礼だと思ったが、障子の隙間から中をのぞいて見ると、まんなかに大太鼓がすえてあって、一人の男がそれを打ち、若い者たちがその周囲に輪になって、左手は帯にさしこみ、右手に榊を持って内側を向いて立ち、太鼓を打つ男が唱えごとをすると、周囲の人たちがそれにつれてわずかに身体を左右にゆすりながら、ごくわずかに節のついた祝詞のようなものを唱える。

私の姿を見つけた男の一人が、外へ出てきて用件を聞いた。そこで私は二つ三つ質問してみた。それが伊勢祈禱だったのである。やはり出征兵士のために行なっているとのことであったが、重い病人などのあるときも、このようにして村人の祈禱が捧げられるようである。ここではその時間がなかかなかかかり、最初に供えものをし、一同へのおさがりをいただいて祈禱にかかる。一升びんが二、三本もあったところからすると、大分みなも飲んだようである。そうして、昼すぎにはじめて、もうまもなく日が暮れようとしているのである。

祈禱の文句についてくわしいことは聞かなかったけれど、和歌のようなものもあるというから、あるいは神楽歌ではないかと思われる。

これが終って、翌日でたちのとき、村人一同が村はずれまで行き、その河原で出て行く者と盃をくみかわして別れるのである。この地方から、このようにしてどれほど多くの人が出て行ったことであろう。そうして、また帰らざる人も少なくなかったと思われる。その中には、この太鼓の音を思い出しつつ死んでいった何人かがあったであろう。

この伊勢祈禱もやはり神楽の系統に属する。神楽の原始的な形なのか、あるいは、退化した形なのか、私にはまだよくわからないし、そのためには、この地方をもっとくわしく調べてみる必要もあるのだが、この地の神楽は、鹿児島の南なる宝島の神楽を思わせるものがある。

宝島にはオヤシュとよばれる三人の男の神主と、ネイシとよばれる二人の女神主がいる。神楽を行なうのは、ネイシのほうだが、その唱えごとにつれて、わずかに身体を動かすだけのことで神楽になっているようである。村の堂宮に神楽があるというのだが、はじめに出かけて行ったときはひっそりしていた。そこでそのあたりで待っていて、もう一度行ってみると、もうすんだとのことであった。しかしネイシが一人、まだ神の前に坐っていた。こんな神楽もあったのである。この島の大祭にも神楽があり、そのときはやや動きのある神楽もあるようだが、儀礼的なものであって、芸能的なものではないようである。そのネイシの持っている鈴についている鏡は、よく見ると、菊花紋様の、多分鎌倉初期のものであった。いつ頃ここへ渡来したものかわからないけれども、神楽のここで行なわれるようになったのは、古いことであると察せられる。そうして神楽は、もとこのようなものもあったのではなかっただろうかと思ってみる。

それが中国山中の神楽になると、もうよほど華やかなものになり、また演劇的になってくる。中国山脈の谷々に散在する村々は芸能の豊かなところで、各地に神楽が見られ、また大田植・花田植といわれるものは華やかな田楽の伝流であった。こういうことの盛んに行なわれるについても一応の理由はあって、第一に牛を早くから飼うたところであって、牛を牛耕に使ったことから、農事は他よりも早く発達したものと思われる。応永五年（一三九八年）に描かれた『大山寺縁起絵巻』に田植の図がある。当時の農耕を知るのによい資料になるものであるが、その中には牛にマグワをつけて代掻きをしている男がいる。牛の角には布が巻きつけてある。その牛の鼻を持つ坊主頭の男がいる。そのほかに笛吹一人、ササラスリ一人、太鼓打一人、鼓打一人、いずれも侍烏帽子をかぶっている。苗を運んでいる男は坊主頭で、モッコのごときものを棒でかついでいる。鍬にて田を耕《う》つ男がいる。腰に鎌を差している。早乙女は三人、市女笠をかぶり、肩へ斜めに襷をかけている。男たちは多く腰簑をつけている。

　これが田植の風景なのだが、田植はこのように美しい芸能をも伴っていたのである。そしてしかもこれがさらににぎやかに大がかりになって、今日中国地方には残っている。元来田植が明るいにぎやかなものであるのは日本だけではないらしい。先年新聞に南方の田植の写真が出ていて眼にとまったことがあったが、それにはマンドリンだったかギターだったかを抱えて畔に立っている二、三人の男の姿があった。

　中国地方における大田植地帯と神楽地帯はだいたい一致している。そうして神楽は、霜月の収穫期に行なわれているのである。ここではそこに用いられる面も、木を

田植の図（『大山寺縁起絵巻』より）

彫ったか土と紙を用いてつくったもので、見た眼には精巧なものになっており、衣裳などは、大阪あたりの歌舞伎芝居の衣裳の古いものを買い求めたものが多い。舞台を組み、背景もついて、劇にちかいものになっていて、セリフさえ加わったものであるが、舞のはやしにともなっている歌は、やはり古風な神楽歌である。

広島県の大朝は、島根県に隣する山中のささやかな町であるが、この神楽のとくにさかんな所で、町の中がいくつもの組になっており、各組が競演の形になっていて、いまでは観賞の対象になっているのである。

神楽の行なわれる頃には雪が降る。そして賑やかなひとときの後には、雪の中でのひっそりした生活がつづくのである。

山口県玖珂《くが》郡高根村の向峠《むかだお》という所は、広島・島根の二県に接した、いちばん山奥の村であるが、川の高い急崖の上にあって、もとは、ことにきびしく住みついていた。畑ばかりの在所で、しばしばおそう飢饉と、そのうえ不便な地であるから、生活はいたって困難で食うことにばかり追われて、踊ってたのしもうというゆとりはなかった。それを山田勝次郎という立派な庄屋が出て、幕末から明治にかけて、一里半ばかり奥の金山谷という所から水をひき、畑を全部水田にした。そして米の食える村にしたのである。ところがこの家の下男に広島県の山中から来た者があって、それが神楽を知っていたことから、師匠にして村人に習わせ衣裳を買って与えて神楽を新たに起した。それが村の空気をどんなに明るくしたことか。秋になれば、この神楽を楽しみに心待ちして仕事にはげんだのである。のちには、島根の方の神楽が調子がよいとてそれを習って改めているが、山の単調な生活は、こうした行事を一つの目安にしてうちたてられ、これがまたなによりの労働の励ましにもなっているのである。

近畿地方には、こうした里神楽は少ないが、中部地方に入ると、三河の花祭や、南信濃の神楽地帯があり、さらに東北地方の山中には、各地に山伏の神楽が残っている。それらが戦のために中絶したところも少なくないようだが、もう一度興るものであろうかどうか。

私はそういうものに魂の郷愁を覚え、またそろそろそうした村を訪れてみたいと思っている。

（「学海」第三巻第八号　秋田屋　昭和二十一年十一月）

山村の地域文化保存について

一　序―調査の目的と問題点（昭和五十年度）

この報告書は、山村に残る伝統的文化の状況と、その保存対策についておこなった実態調査の結果をとりまとめたものである。

山村の文化財に関する調査はこれまでにもたくさんおこなわれているが、その調査が、今後の山村振興とどういうかかわりを持つのか、という視点にたってなされたのは、おそらく今回の調査がはじめてではないかと思われる。

従来、山間は交通不便の僻地としてとらえられ、それ故に古いことが残存したのだと考えられがちであったが、必ずしもそういうものではなく、古い文化が残ったのは、そこに古いものを残そうとする住民の意志が働き、それを保存する経済力とエネルギーがあったからである。それがなくては古い行事や習俗が残らなかったはずである。たとえば、山村には特色ある民俗芸能を保持しているところが少なくないが、これらのあり方をみても、それが村落社会を動かしてゆく大きな軸としての役割をはたし、山村民の生きがいにもつながるものであったことがわかる。いいかえると、何のために山村に生きてきたのかという答えのようなものが、その中に含まれているのではないかと思われるのだが、それはひとり民俗芸能だけでなく、そこでおこなわれていた生産活動などについても同様のことがいえるだろう。

そこでこの調査研究では、山村にどのような伝承文化が存在したかということを調べるだけではなく、どのような人間関係によって伝統文化が保持されてきたのか、それが現状ではどうなっているのか、いまも生き生きとしているのか、あるいは形骸化しつつあるのか、形骸化したのか、また保存対策はどうしているのか、どうすれば今後保存出来るのか、また村落社会を動かしてゆく軸になり得るものかどうかといった視点にたって、

1 伝統文化を持ち伝えてきた社会構造。
2 民俗芸能、あるいは神事とその保持者たちの状況。
3 有形文化、民具、人為的な景観、建造物、民家など保存しなければならないものについての調査と見解。
4 これまでの保存対策。
5 これからの保存方法、そして、それが山村生活の向上にどのようにつながるであろうか。

というようなことを主要な目的として、別記するような六ヶ所の山村を選定し、調査にあたった。

調査地の選定にあたっては、先にのべたような調査の目的からして、全く未知のところではなく、いままでに、調査などもおこなわれて、比較的よく知られているところで、しかも、文化保存意識も比較的高いと思われるところを選んだ。そういう地域を角度をかえて調査することで、今後の見通しをたてる基準を得やすいのではないかと考えたからである。そして現地調査は、地方にあって早くから調査や研究に従事しており、調査地の事情に精通しておられる方々を地方調査員としてお願いし、これに日本観光文化研究所の同人で地方文化の保存や関発に深い関心を持ち、活動を続けてきた我々の仲間が加わっておこなった。こうした方法をとることによって、現状の正確な認識と問題の所在を検討する上で効果をあげることができるのではないかと考えたからである。

この報告は、初年度の成果であり、限られた経費と日数の中でおこなわれたものであるから、結論は今後の調査や研究にまたねばならないが、調査にあたった皆さんの努力によって重要な問題のいくつかが提出されている。

現在、古い行事や習俗が急激になくなりつつある。そのことは山村においてもかわりない。古いものがなくなるという事は当然のことであり、その一方では新しいものが起ってくるのであるから差支えないということがいえるのだが、そのほろび方に問題があるのではないかと思う。というのは現在我々が残しておきたいと考えているようなものは、その地域社会が動いていくための大きな軸になっていたものであることが多い。それが共同体が解体してゆくなかでしだいにその求心力を失い、古いものもなくなってゆくという方向をたどってゆきつつある。それでは地域社会に新しい求心力になり得るものがおこっているかというと、殆どおこってきていない。そこにひとつの大きな問題がある。それでは新しい軸になるものをどうすれば良いのか、古いものがもう一度、地域社会の軸として再生しうる力を持っているのかどうかということを検討してゆく必要があると考える。

かつて、地域社会は生き生きとしたものを持っていた。その地域社会が現在、僻地化がすすみ、人が住めなくなるという形でほろびつつある。そのことが文化がすすみ、経済が発展するということでとらえられているのだが、これはやはり異常なあり方であって、それがどこかで改められないかぎり、日本の正常な発展ということはありようがないのではないだろうか。もういちど、地域社会をかつての生き生きした姿にまで発展させることが必要になるだろう。それには、かつて地域社会を生き生きさせる原動力になっていたのが何であったのか、今後どうすればよいのかということを検討してみることからはじめなければならないだろう。これは大きな問題であるから、その方向を見出すのは容易ではないけれども。

初年度の調査研究を通じてもいくつかの問題が提起されている。たとえば、具体的な提案として、岩手県大迫《おおはざま》町や福島県田島町、奈良県大塔村の調査を通じて、「民俗のふるさと」といったものが提案されているが、これなどは各地共通にみられる後継者、文化継承の問題ともからんで、検討すべき大事な問題を含んでいると思われる。

伝統文化は地域社会にとってそれが必要なものであり、それを持つことに地域住民が誇りを覚え、そのことによって、共通意識を持つものであった。それが古いものイコールおくれたものとして社会一般からみられることによって捨てさられてきているものが多いのだが、実はそれがおくれたもの、悪いものではなく、すばらしいもの、すぐれたものを持っているということが、最近伝統芸能や伝統工芸が文化財として取りあげられ、重要民俗文化財などに指定されることによって、目覚しく復活している例が少なくないことによっても知ることができる。

要するに、伝統文化にたいする社会的な評価が適切になされ、経済的な裏付ができるならば、問題はかわってくるのではないかということである。また後継者の問題にしても、伝統文化を保持している高齢者とそれを受けつぐべき若者の問題であるはずのものが、そうしたこととは切り離された形で問題にされている。最近、高齢者対策が問題になっており、高齢者を大事にしろという。高齢者を大事にするということは、実はその人たちの持っているものを誰かに継承させるということが大事なことであろうはずなのに、そのことは忘れられている。誰かとは若者であり、高齢者対策は同時に若者対策でなければならない。かつての地域社会には高齢者と若者が結びつく場があった。それは家であることもあったし、祭りの場や共同作業の場など、さまざまな場合があったが、今ではそういったものが分解している。

伝統文化を保存するということは、たんに何らかの形で残せば良いというものではない。地域社会の新しい発展の中で、それにふさわしいものとして残されてゆくべきである。こうした問題は、国民全体が自分たちの問題として考えてゆかねばならない重要な問題であろう。

〔付記〕〈昭和五十年度の調査地・主題・調査担当者〉

1 岩手県大迫町岳：古い神社が残存し、古い組織の村に訟ける民俗文化保存について。小形信夫、須藤功

2 福島県田島町：茅屋根葺職人の村で、木地師、大鼓胴師などの技術者が残存し、かつ川島本陣、山王茶屋等の建築、民具が保存されているので、そのあり方について。相沢韶男、須藤護

3 岐阜県白鳥町（石徹白）：白山麓の焼畑、長滝白山社の延年舞、鎌倉時代の神酒瓶等の保存について。安藤慶一郎、神崎宣武

4 奈良県大塔村：杓子木地、イタヤ細工（籠造り）の技術、篠原踊、惣谷狂言等の保存について。保仙純剛、工藤員功

5 高知県檮原村：民具、住居および伝統産業の保存について。坂本正夫、香月洋一郎

6 宮崎県西都市（旧東米良銀鏡）：狩猟、儀礼および神楽を伴う祭礼の保存について。姫田忠義、沢武人

二　第二年目の調査態度

この調査は、昭和五十年度におこなわれた「山村の地域文化保存について」に続くものである。昭和五十年度は、山村振興調査会の依頼によるものであったが、調査会が解散したため、本年度は、全国農業構造改善協会がこの調査事業を引きつぎ、同協会から調査の依頼をうけたので、ほぼ前年のメンバーによって調査をおこなうことにしたのである。但し、昨年はこれを引きうける主体があいまいであったので、今年は日本観光文化研究所の責任者である宮本が下記のような書簡を調査担当者に送ることによって調査団を構成した。

拝啓　いよいよ御清勝のことと存じあげます。さて、昨年調査いたしました山村文化財調査の件につきましてはいろいろ御協力をいただきありがとうございました。その後山村振興調査会が解散になり、この調査は中断のような形になっておりましたが、本年は全国農業構造改善協会が調査事業を引きつぐことになり、同協会から改めて私に対して調査の依頼がありました。

そこで、今年も調査御協力を皆様にお願いいたしたく、よろしくおたのみいたします。さて、報告原稿は昨年通り一月末にはいただきたく、冬休みを中心にしての調査になりますので、日もせまっており、調査まえの打合せは無理かと思いますので、書面で事情を申しあげます。昨年とほぼおなじ地域の調査を建前としますが、次のように若干改めてみたいと思います。

① 岩手県稗貫郡大迫町の早池峯を中心とした神楽。昨年は岳のみでしたが、本年は大償を含めての調査

② 福島県南会津郡田島町。テーマは昨年通り

③ 岐阜県郡上郡白鳥町。昨年の続き、今年は同町石徹白における文化調査と振興対策についての調査

④ 奈良県吉野郡大塔村。前年通り

⑤ 高知県長岡郡大豊町。本年は、大豊町が民具保存に効果をあげていることについて、その実態の調査を主にしたい。

⑥ 宮崎県西都市（旧東米良村）。前年通り

次に本年の調査のねらいについて見ますと、昨年の調査に加えて

一　山村文化がどのような環境の中で継承・発展して今日にいたったか、そして今日どういう状態にあるか。

二　現在保持されている文化の保持方法と将来の展望。
三　仮に将来に継承してゆくとするならばどうしたらよいか、その対策について。それについては、地元の人の声をできるだけ聞いてみること。また、人口と産業とのからみあいについても調べてみること。同時に産業を発展させる対策についても見ていただきたい。
①　たとえば早池峯を中心にして神楽を残すためには、産業の開発、ひいては人口の維持、さらに世人の関心をどのように結びつけてゆけばよいか。
②　会津田島もすでに民俗資料館があり、祇園祭のもりたてもおこなわれているが、文化あるいは技術保持者に対してどのような対策がとられているか。また将来の見通しなどについても調べていただきたい。
③　奈良県大塔村については、急速に人口減少を見ている篠原はこのままでよいのか、現状から発展への道をも考えられるのか、それにはどうすればよいのか、たとえば天川村和田との間にトンネルを抜けばどのような変化がおこって来るのか、村当局はそれに対してどのような対策をもっているのか、古いものを凍結したような形で残そうとしている今日までの文化対策に対して、もっと発展的な対策はないか、……についても検討していただきたい。
④　岐阜県白鳥町については、同町石徹白地区は大塔村同様人口減少のはなはだしいところであ

るが、古くは白山登山の美濃口として活気を見せたところ。しかし信仰衰退と交通不便によっておとろえてき、人口減少もいちじるしいが、最近建設大学校中央訓練所の学生と東京を中心にした青年グループによる信仰的な開発が進みつつある。そういうことへの検討もしていただきたい。

⑤　高知県大豊町については、山間の一寺院がユースホステルをはじめ、そこを訪れる若者たちの協力によって、村の民家民具が調査され、民具の収集がすすみ、民俗館ができ、それが山村文化保持と山村のあり方の一端を示している。そうした経過と今後の展望、周囲への影響などについて検討していただきたい。

⑥　宮崎県西都市（旧東米良村）については、この村の古い神楽が今後も保持されてゆくにはどれほどの対策が必要なのか。たとえば山間の道路のはたす役割とか、外部社会へのつながり、村の生業のあり方と古くからの生活様式が新しい時代へどれほど対応してゆけるのか、その可能性なども検討していただきたい。

⑦　また、以上の地域にどれほど他から人が訪れているか、その変遷にもふれてほしい。

以上のようなことを見ゆくことによって、この調査結果の報告が山村行政の上にも、また地元の人びとに対しても反省と提言の書となるような内容の調査をおねがいしたい。

この調査は、本年限りで打切られることになるであろうと思う。次に、これまでそれぞれの地域について調査された記録文献があれば、その主要なものをもあげて簡単な解説をしていただきたい。

同時に、映画などに録画されたもの、それの利用、そのおよぼしている影響などにもふれていただきたい。

山村振興で重要なことは、その地域が広く世人に知られることだと思います。それは単なる観光地としてだけでなく、その地における生活文化についての理解が、その地に対する正しい理解につながるものと思いますので、われわれの調査が、山村の人たちのそうした面にふれつつお役に立つものにしたいと思います。（以上書簡）

さて、調査についての話が具体的にきまったのは十一月末であり、新たに調査担当者に集まっていただいて打合せをする暇もなく、前述のような依頼状にもとづき、冬休みを調査期間にお願いしたが、前年の調査以後も、現地へ度々入村して調査及び指導にあたってくれている西都市（旧東米良）、大豊、大塔、田島などのような例もあって、すでに山村文化振興についての問題は、その焦点が見えはじめている。

三　山村文化振興の諸問題

（一）山村文化の意義とその保存対策

山村には、伝統的な文化が平野の町よりははるかに多く残存している。それは、山村が平野に比して新しい文化の波に荒されることが少ないためだと理解している者も多いが、必ずしもそうではない。十五世紀頃の文献によって見ても、平地の村々には民俗芸能は一般に少なく、山間山麓地方から出かけて来ておこなうものが多かった。それにはいろいろの理由があった。日本の古くからの民俗的な信仰について見ると、山を信仰の対象とするものが多く、神々は山を目じるしとして降って来ると考えるもの、あるいは人間の魂は死後山中に入るものと考えるものなどあり、信仰関係者も山地山間に住むものが少なくなく、山伏、山中聖、行者などがその仲間であり、また山地に大きな社寺、あるいは信仰地が多く見られた。九州の阿蘇山、英彦山《ひこさん》、求菩提山《くぼて》、四国の石槌山、剣山、金比羅山、中国の大山、諭伽山《ゆかさん》、摩尼山《まにさん》、近畿の比叡山、高野山、大峰山、熊野、葛城山、永源寺町（旧東小椋村）、中部の御嶽山《おんたけさん》、白山、石動山《いするぎ》、立山、秋葉山、久遠寺《くおんじ》、富士山、関東の大山、三峰、御嶽、榛名山、妙義山、古《こ》峰《ぶ》ケ《が》原《はら》、日光、筑波山、奥羽の出羽三山、早池峯山、鳥海山、岩木山、恐山などはその有名なものであり、これらの山々の周辺にはいずれも多くの民俗芸能や民俗文化が残されているが、もとは、神仏への信仰的奉仕の所産として生きつづけてきたものであり、それらの芸能は時に平野地方の村々を巡回

阿蘇山（谷文晁画『日本名山図会』より）

富士山（谷文晁画『日本名山図会』より）

鳥海山（谷文晁画『日本名山図会』より）

して演ぜられることもあり、またそうすることが山間の民衆の生活の手段ともなったのであろう。

今一つ、山間に住む者は農耕だけでは生活をたてることが困難であった。したがって、かならず農以外の職業を持った。狩猟（旧東米良）、杣仕事（大豊）、炭焼（田島）、荷物運搬、木地師（田島、大塔）などがそれであり、また登山案内（白鳥、大迫）などをおこなった村もあった。これらのものは、今日はいずれも民俗文化の名でよばれている。そして、それは山間だから残ったというよりもそこに多少とも信仰が生きている限りにおいては残存するのが当然であり、しかも、そのような民俗文化を通じて日本民族の古い文化、生きざまをさぐることができるものとして、日本民族の文化を研究しようとする者はその実地調査にも多くの力をそそいだし、またその保存にも努力して来たのであった。

そして、そのような文化をできるだけ古い形のままで保存しようとするために「文化財保護法」がもうけられ、その行政事務は文化庁があたって来た。

ところが、最近山間の著しい人口減からそうした民俗文化財の保持が困難になったところも少なくない。特に資源の枯渇もあって狩猟、木地、民俗芸能などは滅亡の危機に直面しているところもある。それでは、これをどのようにして保護してゆけばよいかということが当然大きな問題になって来る。文化の保護は経済的効果を生むことがほとんどない。そのために、どうしても根本的な行政措置がとられることが少ない。

しからば、過去においてはどのようにして保護され、また今日まで継承されて来たのであろうか。それについて考えられることを列記すると以下のようになる。

（A）**資源**　狩猟にしても木地業のようなものにしても、もとはその資源が極めてゆたかであった。大塔村、田島町などは村の周囲の山々には数百年の間斧を入れないような原始林があり、その一部を伐って木地物や太鼓胴をつくったりしていて、尽きるところがないと思っていたのが、製紙会社がパルプ材としてその山林を伐採しはじめると山はたちまち裸になり、その跡地へ植林が進むにつれて山林労務者として働く者が多くなって来た。賃金は多くなっても単なる肉体労働者になってしまったものが多い。

大豊も杣木挽の村として人びとは働いたが、今日ではもう大きな木はほとんどなくなり、杉の植林が進みつつある。それが個々の家によって植えられるときは、住民にとって将来性はあるけれども、その成長までの間の経済的なつなぎのないことが若者たちを離村に追いやってゆく。

次に信仰のうすれてゆくことも山村文化の消滅につながる。白鳥町石徹白の場合は、美濃口の白山登山者の減少が村をさびれさせていっている。そして小谷堂《こたんどう》、三面《さつら》の二部落はすでに廃絶している。大迫町岳の場合は御師の家が民宿などを経営することによって息をつなぎ、大償はその神楽をひろく世人に知られることによって公演の機会をもっているが、その維持にはなお多くの問題があろう。

(B)**後継者**　次に、山村文化保持について重要な問題は後継者である。文化あるいは技術を持つ者が老齢化してしまって、しかも後をつぐ若者が土地にいなくなっている。これは、われわれの調査した山村に共通してみられる現象である。そこで土地によっては小中学生に芸能などをうけつがせるよう努力しつつあるところもあるが、現状では統一した対策はたてられていない。とくに大塔村篠原のごときは中学校を卒業すると、ほとんど全員が高校進学のために村を出る。自宅通学が不可能だからである。そして高校へ進学したものは再び村へかえることはないという。このような現象は自宅通学の不可能な地域には共通して見られるところで、旧東米良、大豊、白鳥町石徹白なども同様である。このような事情からも山村にあっては可能な限り、自宅通学の対策がとられるべきであると思う。それがない限り、山村人口の減少をくいとめることは不可能に近いであろう。

(C)**女性の重要性**　民俗文化を保持する者の多くは男である。中には大塔村篠原の篠原踊のように女によって伝承されているものもあるが、主役となる者は男である。そのために保護対策も男本位に考えられ、今日までの農山村振興対策において女性を中心に考えられることは殆んどなかった。公民館に料理室を作ったり、生活改善運動で若妻会を作ったり、生活学校を作ったりするようなことはあっても、女性を中心にして村の再建をはかるということはなかった。生活改善などによって女の家事労働が軽減すると、下請工場を誘致してその労力を吸収するのが普通で、自分たちの文化や教養や創作活動につながることがほとんどない。言いかえると女たちを低賃金労働者に編成替えすることだけに力がそそがれて来たといっても過言ではないように思える。

したがって、女たちにとってはその土地に対する未来への期待がほとんどない。少年群を村の外へ出すことにもっとも力を入れているのが母親たちであることが見落されている。女たちにとって山間の村はもっとも魅力のないところでありながら、そこを出ることができない。男には出稼ぎもあるけれど……。女たちにとって夢を托し得るのは他所の世界であり、その夢を子供たちによって実現させようとする。

しかし、山村といえども、元来それぞれの土地に夢を托し得る何ものかがあるはずであるが、残念ながらその対策がほとんどとられていない。つまり女たちにその住む土地にどのような夢を持たせ得るかの対策をたてない限り、山村は救われることはない、……といったら言い過ぎだろうか。

(D) **経済基盤** かつて、山村にかぎらず平地の村にも古いものが残り得たことにはいろいろの事情があった。その一つとしてそれらのものを保持しようとするとき、いずれも基本財産を持っていた。即ち神田、寺田、講田、経田、祭田、井堰山などといわれるものがそれであり、その土地から生産された米や金によって祭や神楽や芸能が保持されたのであった。しかし昭和二十一年以降の農地改革によってこうした耕地はすべて解放され、解放後の対策はとられなかった。つまり経済的裏付けがなければ保持は困難なのである。民俗芸能の保存などをしようとするとき、「補助金を出せ」ということばの出ることは当然といっていい。但し、補助金を出せばそれで問題が解決するというのではなく、維持基金をどのようにして作るかが問題になる。今日、民俗芸能が健全に残っているところは多く富有の村である。経費負担に堪える力をもっているところである。その場合は特定の基金を持たずともこれに堪えている。戦後多くの民俗芸能が廃絶に追い込まれた原因の一つに基本財産が農地解放のために失われてしまったことをあげなければならない。

（E）**外部との繋がり**　今一つ山間の民俗芸能の場合は、その村だけでおこなっているものも多いが、その村だけでなく、周囲の村々からたのまれて興業にまわることが少なくない。中国地方の神楽についてみると、神楽団が神主や神事関係の人びとによって編成されていて、自分の村での神楽をおこなうだけでなく、近隣の村々へ招かれて演ずることがきわめて多い。これはひとり中国地方だけでなく、大迫町岳の神楽なども村々を興行してあるくことによって、一年間の食料の半分を得ることができたという。こういう例は他にも多いであろう。

あるいはまた白鳥町石徹白のような場合には美濃口から白山へのぼる者の案内をし、またその宿をして、世間からは御師とよばれ、参拝者の方も長い間御師の宿との密接な関係を保ち、冬の間は得意先の村々をまわって石徹白にまつられている白山中居神社のお札を配ってあるいた。得意先のことを旦那場とよび、その旦那場は宿によってほぼきまっていたものであった。そして冬のお札配りと夏の宿、登山案内で生計をたてていたのである。最初にあげた高山に社寺のまつられているところには、その麓に御師の村がかならず存在していたものであった。それらの村が明治初年に廃仏毀釈のおこなわれたとき廃絶同様になったところもあるが、山岳信仰の残っているところでは昭和二十年頃まではなお旧態を保っているところが見られた。旧態を保ったところは早く観光地化したところが多く、そうでないところは成年式の行事として登山をおこなっていたところもある。今日では成年式は満二十歳におこなわれているが、昭和二十年以前には十五歳からが成人であり、成人になるしるしとして高山にのぼる風習のあったのは、鳥取県大山、愛媛県石槌山、徳島県剣山、奈良県大峰山、長野県御嶽山、静岡県富士山、青森県岩木山などがあった。こまかに見てゆけばさらに多くの山があったと思われる。そういうことが山の麓の村を衰えさせなかったばかりでなく、山と里の村をつないで来たのである。そして成年式登山ばかりでなく、山の村で採った薬草なども土産として持ち帰られた。つまり人が来てくれるなら、生活の手段は、山中にあってもたてることができたのである。しかし成年式が町村役場等の屋内でおこなわれるようになると、儀式的なものになって来て登山などの鍛練による成年式は消えていってしまった。

（F）**需要**　民俗芸能以外の手工芸的な文化保持についてみても、山間にあるものが平野地方とどのように結びつくかということに重要な意義があった。今一つ資源の保持ということも問題になって来る。まず平野地方との結びつきについて考えてみることにしよう。

奈良県大塔村篠原、惣谷は壺杓子の産地であった。壺杓子はお玉杓子ともいう。もともと汁物などをすくうのに用いたが、今日はほとんど金属性のものにかわってほろびてしまった。この地では板杓子も若干作っているが、生産したものを人の背によって下市町または五条市に運び出さねば金にならなかった。しかも平野地方が車の発達によって便利になったときも、この山中には車は通らなかった。車が山間にまで通うようになったときには、もう杓子製造は生業として成立しなくなっていた。

これに対して福島県田島町の太鼓胴は需要が今日まで続いて来ただけでなく、刳貫胴は大木が必要であり、平野地方の大木は大正の終りにほぼ伐りつくされ、大きな太鼓胴をとる大木は山中にしか残らなくなった。会津山中はその大木の多いところであった。そこで今日まで太鼓胴を東京に供給することができたが、最近山林の伐採がすすみ、資源が枯渇しはじめている。今日までこのような産業の続き得たのは資源がそこにあったというだけでなく、早くから東京浅草の太鼓業者と提携し、直接その注文に応じて太鼓胴を作ったことである。山中にあっても平野地方の交通事情に変化があっても、太鼓業者に変化がなければ、太鼓胴製作にも大した変化はおこらなかった訳である。

同様にこの地方に多い茅屋根葺きの業者も関東以北に茅屋根の民家がなお多く残存しているという

ことで今日まで多くの屋根葺職人を温存せしめてきた。しかし、茅屋根は火事の危険が多いことから都会地では禁止され、農村でも瓦屋根、トタン屋根が奨励されて、次第に姿を消すにいたった。さらにまた茅を育てる茅場が住宅地になったり、杉の植林がおこなわれたりすることによって茅葺屋根が著しく減少した。

西日本は麦稈葺が多かったが、これも急速に姿を消し、したがって屋根葺職人のほとんどはその業をやめてしまったが、茅の方は若干残っている。しかし、古建築の中には茅で葺いたものも少なくなく、最近ではその葺きかえに技術保持者が少なくなって来て、次第に葺き替えが困難になって来つつある。この二つのものが結びついて古い技術が温存され、さらに山村振興につながる対策がたてられないだろうかということが今問題として提起されつつあるかと思う。

（G）**流通機構**　古い技術が今日まで残存したということは、これまでその技術が次々に受けつがれたためであって、技術者の死亡によって技術がたえてゆく場合もある。それは一つはその製品の需要がなくなって来たことも問題であるが、需要がありながら生産費と売価のつりあいのとれないために、技術が滅亡しつつあるものもある。福島県田島町をはじめ全国各地の山村に見られる木地物の技術の衰亡もこれに属する。漆器の椀や皿や盆などに関する需要は決して減っていない。しかしそれが機械で作られたり、ベークライトなどで作られるようになって手作りのものが姿を消していった。と同時に手作りの技術も消えようとしている。

おなじようなことは和紙などについても言える。それでは需要がなくなってしまったのかというと決してそうではない。手作りのものへの郷愁は強いが、流通機構がこれを取扱わなくなってしまったことに大きな原因がある。もしそういう隘路が取り去られるならば、後々まで技術が伝承される余地も残って来るのではないかと思う。奈良県では特産物の流通センターが計画されているというが、そういうものが、技術を保持してゆく上にも効果をもたらすものではないかと思う。

(H) **技術の転用**　今一つささやかな例ではあるが、奈良県大塔村惣谷で木地物を造っている人が一人いるが、この人は若いとき壺杓子を作っていた。その壺杓子が売れなくなって、林業労務に従事するようになった。ところが作業中に怪我をして林業労務のような重労働に耐えられなくなった。そのため再度木地物を作って生計をたてる工夫をした。即ち、以前の壺杓子を作るのでなく、刳鉢や刳盆を作って見た。これならば売れるのである。さらに惣谷で古くからおこなわれている狂言の面を彫ることにした。ついでに置物などの彫刻もはじめた。そういう物なら売れるのである。これは壺杓子製作の技術を持っていることが生かされた応用面である。このようにすれば技術もまた生活を助けるものとして生かされるのではないかと思う。この場合、こうしたことが伝統産業としてみとめられ、保護対象になり得る可能性があるかどうか……。

ロクロ木地師たちもそうしたことがみとめられるならば、椀、盆を刳る技術を生かして木地玩具などの開発もできるわけである。ただもとの形のものを作るのでなければならぬとなると古い技術の多くは消えてゆかざるを得ない。いずれにしても伝統産業の保持には技術の応用がみとめられることと、特産物の流通センターのようなものの設置が必要なことになってくる。

古い技術や芸能そのものを残してゆくには以上のようなことが必要になるが、山村振興の立場から見てゆくと、さらにいろいろの問題があると考えられる。

(二) 山村文化と生活基盤の充実

以上のように芸能そのもの、技術そのものを保持する対策をたてることもさしあたって重要であるが、今一つ山村の生産、生活基盤を充実することによって、文化を維持してゆくことも当然考えられなければならない。そのことについては戦後今日までいろいろの手が打たれてきている。しかし、それが実を結んでいない場合も山村には多く見受けられる。

1　**旧東米良**：たとえば旧東米良についてみると、この地の産業の中でもっとも産額の多いのは椎茸で二億五千万円にのぼるといわれるが、ここでは原木供給の対策がたてられることなしに椎茸栽培の奨励がなされたために、原木入手がむずかしくなり、これに多くの経費を必要としているため、収入はその半分にも満たないような例もあるという。これは椎茸だけではない。これまで奨励されたものの多くが、基礎作りがなされない上に計画性にも欠けている。昭和四十二年以来、梅、栗、コンニャクなどの栽培奨励がなされたが、思いつき同然のことであったため、運搬費や流通機構の複雑性にはばまれてほとんど利益をあげず、今は中止状態になっている。しかも、それ以前に茶の栽培が進みつつあったが、前述の新作物の導入のために忘れ去られてしまっている。今また柚子の栽培が進められている。しかしこれもリーダーだけの個人経営になりつつある。

行政当局はいろいろの奨励をするが、うまくいかなくなるといつの間にか口をつぐんでしまってまた次の作物の奨励をはじめるというのが旧東米良ばかりでなく、山村各地で聞かれる共通したなげきである。奨励の時期には補助金があるからみなやってみる。しかし補助金がなくなると、赤字になるのでみなやめてしまう。このような話をどれほど聞かされたかわからない。

以前は、新しいもので将来性があるとわかると狂気じみたまでにそれに熱中する者があった。しかし、今はそのような人がいない。これは将来の見通しがつかないことと、またこれを奨励する方の側にも確たる自信と技術があってのことではないからであろうと思われる。昭和二十年以降、私の記憶しているだけで茶、甜菜、栗、蜜柑、鶏、豚、椎茸、梅などがあった。そういうものをとりあげて成功したという例は山間地方にはきわめて少ない。地元の人に熱がないのではなく、基盤づくりがなされていないこと、またすぐれた技術指導や流通機構についての配慮が欠けているからだと思う。そして基幹産業がそれぞれの地に育っていない。

そういうところへパルプ資本がはいって山を伐り、山村民を単なる林業労務者へ追い込んだところが多い。旧東米良ばかりでなく、大塔村篠原にしてもそうだし、田島町などでも山の皆伐が目立ちはじめている。旧東米良では林業公社による造林労務があって賃金がかせげるので住民はほっとしているが、仕事がばらばらになり、村落共同体の意識が弱められてしまった。

とにかく村の産業に柱になるものがなくなってしまっているのが現状である。

2　**大豊町**：大豊町は昭和三十年に東豊永《とよなが》、西豊永、大杉、大坪の四ヵ村が合併してできた町で、高知県の東北隅、徳島県と接する山村で、面積三五七平方キロ、人口二二、三八六人であったが、昭和五十年には一一、六二三人と、ほぼ半分に減少している。町内にほとんど平地を見ないこの地域は、合併してみても中心になるところがない。役場は大杉におかれているが、そこには町民の精神的なよりどころになるようなものはない。そうなれないような事情もある。即ちこの町は国鉄土讃線が貫通していて、土佐岩原、豊永、大田口、土佐穴内《あななない》、大杉、土佐北川、角茂谷《かくもだに》の七つの駅があり、町内の重要な交通機関となっているが、鉄道のある谷筋の住民はこれを利用するとしても、東豊永、奥大田、立川などの枝谷はその恩恵をうけることが少なく、バスも役場を中心に各谷々を結ぶ車線はほとんど発達していないから、町が生産や文化の上で一つの統一性をなしているとは言い難い。にもかかわらず旧村を中心とした結束もいちじるしくうすれつつあるというのが現状ではなかろうか。

四ヵ村合併以後、町がもっとも力をそそいだのは車道の開設で、これは主要部落には一応車がはいるまでになっているが、バス路線の少ないままにほとんどの農家が自家用車を持たざるを得なくなっている。

この町は七四％をこえる山林、面積にして二三、八七七ヘクタールを持っているので、林業が生産の基幹をなしているように思えるが、それは昔のことで、今日では林業に従事する者は三八二人にすぎないという。

農業についてみても養蚕と米作が主であるが、養蚕は昭和四十五年頃から頭打ち状態、米も昭和四十五年以降下降線をたどっている。

この町では、かつてニワトリの飼育が奨励されたようで、昭和四十五年には一一、九〇〇羽いたが、昭和四十九年には一三〇羽に減っている。養鶏の奨励によって山間地方では融資をうけた鶏舎がいたるところに作られたが、そのブームのあと大きな打撃をうけ、村を捨てなければならなかった農家も少なくなかったという。ここにもその悲劇があったようである。思いつき指導の失敗が山村をどれほど荒廃させていったことか。さきに見た旧東米良にしても、大豊にしても思いつき指導の犠牲者がいつも農民の側にあるという事実は見のがすことができない。そういうことが住民の気持をはなはだしく不安定にしていることも事実である。この町では昭和四十七年十二月と最近の二回、アンケート調査をおこなっているが、それによると自然の美しさ、景色のよさ、気候、日当り、風通しなどには満足を示す数字が多いにもかかわらず、仕事の便利さ、道路の整備状況、医療サービス、収入、買物、レジャー、文化施設、行政サービスなどには不満を示している者が多い。

その不満のよって来るところは生産や生活の不安定にあるのであって、それはめぼしい産業がないからで、農林業にあっては、合理化をはかり施設園芸、畜産、特産などへの転換を希求し、それだけでなく企業誘致をおこない、観光価値あるものは大いに整備し関連施設をつくることを要望している。それも民間の大型観光資本によるものではなく、国や県の事業による開発を期待しているのである。

そして文化財保護についての関心はきわめて弱く、自然や文化財の保存も大事だが、どちらかというと開発を優先すべきだという者がもっとも多い。

つまりこの地においても今日までの産業振興指導のほとんどが裏目に出て、住民をここまで窮地に追い込んだのであり、地元の現状生産力だけではもはや立直る自信を住民は完全に失っているかに見える。その具体的な姿として「立川中央部は四ヵ所に散在し、何かにつけて不便であり、殊に秋の小部落は一〇年前までは一三戸もありましたのに、その後生活もむつかしく、一戸減り、二戸減り、今では私等一戸となってしまいました。みんな他町村へ転出を余儀なくされ、所有地も他町村の者に売り渡されました。私ら零細な者では到底振興には取りくむことが出来ず、一〇年前、村に対策をお願いしたことも度々ありましたが、私等の力不足で実現ができませず、今日では日雇稼ぎ、それも次第に老齢化し、適当な働き場所もなく思案に暮れている始末です」という訴えが胸をうつ。

3　**大塔村**：この村は町村合併をしていない。この村にも平地というものがほとんどない。ただ十津川本流沿いの坂本、辻堂や宇井は五条から新宮への国道に面していて商業を営む家も多く、やや活気を見るが、十津川の枝谷舟ノ川の流域は交通も不便であり、人口の減少がいちじるしい。そして現在は一一〇・九七平方キロの土地にわずか一、三〇〇人が住んでいるにすぎない。面積にして大豊の三分の一余りであるが、人口は十分の一余にすぎない。人口がいかに稀薄であるかを知ることができる。この村の地形は大豊に酷似する。しかし水田がきわめて乏しく、畑作が主で、古くから林業を主業としていた。そのうち十津川本流筋の人は杉の伐採・造材・流送を主とし、舟ノ川奥の篠原、惣谷は壺杓子を作っていたが、壺杓子が売れなくなって林業労務を主とするようになり、また雑木林もパルプとしてほとんど伐採された。現在林業労務に従事する者が三〇〇人をこえているが、平均年齢は五十歳にのぼっている。

この村には旧東米良や大豊のような思いつきの農産指導はあまりおこなわれなかったが、篠原ではサクランボを植えた。村が苗木を植えさせたのだが、ほとんど金銭収入をあげていない。したがって林業労務にしたがう以外に生活の手段はないのだが、山林の九〇%は村外の者がもっている。王子製紙、木原造林、丸谷産業などがそのうちの大半をしめている。村人が離村するとき山はほとんど売ってゆく。それがいよいよ村人を林業労務者へ追いやってしまう。つまりその土地に住みつつ、自主性が次第に失われていくのだから、この土地に住む意義もなくなってゆく。

村当局としては篠原、惣谷を中心にして盆栽センターをつくっているが、これはもともとこの地の人が盆栽を育てることに巧みで、どこの家にも多くの盆栽があり、これを見てたのしんでいた。それを金にすることを考えたのであるが、それも生活を十分安定させる財源にはならない。村はまたアメマスの養殖を考えているが、これはまだ実現に遠い段階である。

このような村を、どのようにすれば活気あらしめることができるのであろうか。

この村では中学校を卒業すると高校へ進学する者が多い。しかし村にも村の近くにも高校はない。大和平野地方の高校へ入学しなければならない。すると実家をはなれて下宿や親戚から通学することになる。このようにしていったん村を出ると再び村へ戻ることがないという。村に若い者たちを受け入れるための職業がないからである。それでは村に残る老人たちの死亡によって篠原や惣谷のような集落は廃絶してゆくのであろうか。民俗芸能の保持などということよりも、この村では住民をどうしたら引きとめることができるかがまず問題になる。

4 **白鳥町石徹白**：白鳥町は白山登山の美濃口にあたる。そしてこの登山口には長滝《ながたき》というところに白山神社と長滝寺《ちょうりゅうじ》という別当寺があり、明治維新以前には白山中宮長滝寺と称していたが、明治の神仏分離よって、長滝白山神社と長滝寺とに分離された。しかし同じ境内に隣接してあることは分離以前と同様である。

長滝寺には長く延年舞が伝承されていたが、神仏分離後は長滝神社がこれを継承して、毎年一月六日に行なわれている。またこの社には多くの神酒徳利がある。その長滝から桧峠をこえると石徹白があり、そこに白山中居神社がある。本年はその石徹白が調査の対象となった。石徹白は中居神社に仕える社家と社人の村であった。夏は焼畑をおこなって作物を作り、信者の宿と登山案内をおこない、冬は旦那場をまわって札配りをしたわけであるが、信仰がおとろえて、信仰的な登山がほとんどなくなり、村がさびれてきた。村人の生活を支えるために水田をひらいたが、それは一戸当り三〇アールにすぎない。今はより多く山林にたよる生活をしているが、住民は一六〇戸にすぎなくなり、昭和二十年以前の半分ほどである。

昔は越前の国の一部で、福井県に属していたが、福井県との関係はうすく、岐阜県との交流が多かったため、昭和三十二年に岐阜県白鳥町へ越県合併した。これには広い共有林を新町へ出さねばならないことが条件になっていたが、新町としてはその山林をそのままにしておくという約束だったので越県合併に踏みきったわけである。しかし合併したというだけで、白鳥町の石徹白に対する積極的対策はほとんど見られず、道路費のごときも年々一千万円にすぎないという。現在人口減少はとまっているが、村落内でかかえている問題を外から協力するためには外との連絡がわるく、梃子入れの仕方が問題になる。そして現在居住している人びとはそのまま生活をつづけてゆくであろうが、次の世代をつなぎとめることはむずかしかろうといわれている。

5　**田島町**：田島町は山間ではあるがやや広開な平地を持ち、水田も広く山村の中では比較的恵まれていて、前述の地域にみられたような農作物に関する奨励指導の不適切にもとづく痛手はそれほどうけていない。しかし炭焼を主とした部落の場合はこの限りでない。高冷地であるが平地地帯は水田も広く、夏は水田を作り、農閑期には茅屋根を葺いて歩く人が多かった。それで安定した生活をつづけることができた。山地地帯も昭和四十年頃までは炭焼を生業とし、生活は安定していたが、石油コンロ、プロパンガスの普及から炭焼が全滅状態になり、出稼ぎを余儀なくされるにいたった。これらの人は主として土木事業に従事しているようである。

この地域は、米作のほかに馬の飼育が盛んであったが、昭和二十年以降は養蚕にきりかわり、一時はかなり盛んであったが最近はこれも下火になっている。

ただ昔からロクロ木地屋が多かった処だが、今はロクロを用いなくなり、太鼓胴、木鉢、飯ベラ（板杓子）をつくるものが四〇軒ほど残っている。

この地は旧会津西街道に沿ったところで、栃木県藤原から会津若松にいたるその道が国道の指定をうけ改修拡張されて、バスが通うようになり、関東から会津地方への入口となった。最近では次第に観光地化しはじめており、田島町の祇園祭などにはかなりの人出が見られるようになり、前に述べた四地域の例に見られるような暗さはそれほど強く感じない。

ただ山林の伐採により木地物作りの資材欠乏をつげはじめていることが気がかりである。

6　**大迫町大償**：前年は同町の岳を主として調べたが、今回は大償に重点をおいた。大償は岳の西南にあり、北上平野にも近い。それだけにまだ明るさもある。人家一七戸の小さい部落で、そのうちの七戸が神楽をおこない、九人が参加している。これらの人は役場に勤めている人が多く、生活も安定している。したがって練習もよく積まれ、六九のレパートリーを持ち、東京へもたびたび出演のため上京し、海外へも出ている。ことに昨年は海外交流基金の援助によってアメリカへいった。もとは信仰的なもので獅子をもってあるき、家々のお祓いをしたものであるが、今はそのことはなく、神楽のみをたのまれて一年二〇回くらい出演している。岳の方は年五〇回くらいといわれている。

太償の場合は生活にゆとりのあることがこの神楽を保持し、また内容的にもレベルの高いものにしていったことがよくわかる。しかしその保存については現状でよいということではない。以上調査対象としてとりあげた地域の生産基盤について見てゆくと山間部になるほど条件は劣悪となり、その条件を解消しないかぎり文化財の保存はむずかしいということになるが、同時に文化財を町村民の精神的な支柱にすることによって地域社会の発展も可能にし得る面があるのではないかと考える。以下そのことについて見てゆきたい。

(三) 山村振興のための文化運動

地域に残る文化財は、まずその価値を住民に自覚させることが必要である。慣習的にただ持ち伝えている者にとってはその価値はわかりにくい。価値は他と比較することによって認識されることが多い。いろいろな団体の催しによって競演の機会をもち、そのことから文化的な価値を見出したという例は多い。さらにまたその文化財を梃子にして地域社会の連帯と振興をはかり得ることもあり得るのである。それにはその地域全体の人がまずこれを認識すること、さらにまた地域以外の人びとに認識せしめて、地域外からの人びとの来訪が多くなるように仕向けることが重要である。山間の村々ではすでに自力でたち上る力を失っているものが多い。外部の刺戟をうけることによって地域振興の道を見つけることもあり得る。

1　旧東米良：この地域は現在西都市に属しているが、もとは独立した村であり、さらに古くは菊池氏の領有する米良山の一部をなしていた。この村は銀鏡神社を中心にして結合し、一つのコミュニティをなしていた。その紐帯をなしていたものが銀鏡神楽であったといっていい。この神楽は鵜戸の神楽の催されるとき、この山中からもその手伝として出かけてゆき、神楽の技を身につけ、この山中でもおこなうようになり、さらにこの地から高千穂へも伝えられたものであるという。

古くから伝えられて来たものであったが村外の人びとはこの神楽を認識してはいなかった。昭和十五年春筆者がこの地を訪れたとき、神楽がおこなわれていることを知り、それが地域結合の重要な要素になっていることを聞いたが、具体的にその神楽を見たわけではなかった。

筆者の記憶をたよりに昭和四十三年姫田忠義氏がこの地に入り、なお神楽のおこなわれていることをたしかめ、その年の大祭に参加して一六ミリフイルムにおさめ、さらに村の生活をも撮影して「奥日向のまつり」と題してまとめあげた。このフィルムは方々で公開されたが、昭和四十七年十一月京都国際会館で催された日本ペンクラブ国際会議で映写したとき国際ペンクラブ会員諸氏に多大の感銘を与えた。しかし当時、地元周囲の人がこのことを知ったわけではない。

それがさらに問題になって来るのは、昭和五十一年十二月の例祭に文化庁の榎本調査官がこれを見学しその価値を認識したことにあり、またそれが新聞に報道せられたことで、その存在と価値が一般にみとめられることになった。そしてそれが地元の人びとにあらたな覚悟をもたしめたといっていい。つまり、これを保持してゆくことの意義を知ったのである。

この祭のさらに下敷になっているものに狩倉《かくら》まつりがある。これは狩倉組によっておこなわれるものである。狩倉組は狩猟を中心にした集団であり、狩猟はこの地では重要な生活手段であるが、これをおこなうには集団によらなければならず、また狩のおこなわれる場所はそれぞれイノシシの棲息のテリトリーである。それが狩倉である。それぞれの狩倉で狩はおこなわれたが、それは組毎に狩をおこなうばかりでなく、各組が共同しておこなうモヤイ狩もあった。狩倉には狩倉様という神がまつられ、それぞれ祭がおこなわれ、銀鏡神社のまつりに供える犠牲《いけにえ》の狩もおこなわれた。このような狩の祭に、神楽が付随したものであろうが、それによって狩倉組の連合が成立したのである。そしてその結束は今日まできわめて強かった。

しかしそれは伝統的なものであって、それをこれからさきの村を新しくしてゆく上の挺子となし得るかが問題になってくる。今日まで政府を中心とした山村地域の奨励・指導はこのような旧来の組織を利用したのであるが、そのほとんどが実を結ばなかった。そのことはさきにのべた通りである。しかし村落共同体と村落連合意識は祭を中心にして強く残っている。この祭を保持するための後継者養成、神楽保存対策も重要であるが、祭を保持してゆくための経済基盤をかためることがさらに重要であり、その基盤をかためてゆくために、逆に神楽による結合が大きな力を持つことになるはずである。

それではこの地で何をなすべきかということは、具体的な調査がさらに必要になる。道をつけ、これまでにない新しい産業を持ち込むだけでは問題の解決にならない。まず第一に単なる観光客の来訪でなく、村をじっくり見ようとする人たちの来訪がのぞまれる。そういう客は大きなホテルに泊ったり観光バスを連らねてやって来る人たちでなく、民宿から民宿をわたりあるく来訪者であり、村人の友達になり得る人びとでなければならない。

それには、またそういう来訪者の注目に値する何物かを村の中に見出さなければならない。神楽もその一つであろうが。神楽以外にいろいろのものがある、食物の上から見ても猪肉、里芋、ドングリの餅のようなものをはじめ、人の心をひくものは多い。そのことの認識からあらためて村を見直し、かつこの土地の将来のあり方、特に産業のあり方について具体的な対策をたてるべきであって、いずれにしてもすぐれた来訪者を持つ体勢を整えるべきであると思う。そのことについて、大豊、大塔を見てゆくことは多くの参考になる。

2　**大豊町**：この地域はさきにものべたように全町域にまとまりのないところである。それは町の広さ、山谷の複雑さ、交通体制のととのっていないことが町を停滞させているためであるが、この隘路をやぶるために役場を中心にして全町統一の道を見つけていくことも大切であるが、町内をいくつかの地域にわけ、その地域のコミュニティ作りがまず重要になるかと思う。そしてその芽生えがここにはある。今回調査対象にした大豊町東豊永地区の粟生《あおう》に定福寺という真言宗の寺がある。この寺には藤原期末の阿弥陀如来坐像、薬師如来坐像、地蔵菩薩半跏像、地蔵菩薩立像六体がある。江戸時代の補修が劣悪だったために国の重文にはなっていないが、県文化財の指定をうけている。さらにまた南方の梶ヶ森に奥の院があり、ここへは昔から登拝する者が多い。したがって、この地区には他から人の訪れることも多かったと思われるが、昭和三十八年ユースホステルの指定をうけてからここを訪れる者がふえてきた。しかもここを訪れる若者には大学生が多く、来訪者の七〇％をしめている。これらの学生の中にはかなり長期滞在して山村生活調査をおこなっている者もある。

そうした中にあって住職と副住職が民具を集めはじめた。初めは雑然たるものであったが、今回大豊の調査にあたった香月洋一郎氏が以前この寺を訪れ、民具を集めてあるのを見て、さらに多くを集めるようすすめ、調査の手伝などもした。そのことから次第に計画的に集めるようになって、現在三千点が収蔵されている。そして町はここに民俗資料館をたてた。今日までここを見学し、利用する人は少ないが、このユースホステルは学生たちのみが利用するのでなく、林間学校や研修会などにも利用されるようになり、役場などもここを研修に利用している。そうなると民俗資料館の方も大いに利用されることになるであろう。しかも集められたものを見ると鋸の類が多い。この山中は杣や木挽で生活をたてたことがわかり、その中には今日ではほとんど見かけることのない二人挽の鋸もある。そのほか茶釜、食器類などにこの山村の古い生活を見ることができ、さらに多く収集されるなら、それは昔の山村生活を知る重要な文化財になってくる。このようなものを集めることに老人や青年が参加するならばやがて全村の運動になってくるであろう。そして、それがふるさとを見直す一つの手段にもなってくる。と同時にその収集品を見学に来る人もふえるであろう。

梶ヶ森はまた植物の種類が豊富で、その調査研究のために学者の登山が相ついだことから、最近は学生が登山してキャンプするものが多い。そのことから町は森林公園の計画をすすめているというが、これには細心の注意を払わないと山を荒してしまうことにもなりかねない。

民具収集保存のような運動には具体的な組織が必要になるが、町には六〇人くらいの青年により青年団が組織されている。そうしたものが一つの目的を持って活動するためには民具収集のようなことも大切だが、外からの若い人たちの刺戟も大切で、ユースホステルを中心にして付近の民家も参加する夏季の大学学生村の計画もたてられてよいのではないかと思う。大学学生村の場合はまず大学へ働きかけて協力を求めねばならない。そしてその具体的な方法もたてる必要がある。

町内の交通機関の整備も必要になる。東豊永の谷を東へゆけば京柱峠をこえて徳島県祖谷山にいたる。この道はしたがって祖谷山を訪れる人のための出入口として利用度を高める方法を講ずべきであろうと思う。

大豊町には文化的な中心のないのが致命的である。とはいっても全く無かったというわけでもなく、もとはあったのである。大田口にある豊楽寺は柴折薬師の名でよばれ、本堂は国宝、阿弥陀如来、薬師如来、釈迦如来の三体は国の重要文化財指定をうけている。この寺の縁日にはもとは遠近から多くの参拝者があって近隣に見られぬにぎわいがあったという。特に若い男女が参拝し、気の合ったものは柴を折って敷き交歓し、その後男が女をたずねていって求婚したといわれ、「こいしくば訪ね来て見よ……」という歌をともなう昔話そのままのことが現実におこなわれていたが、明治に入って風俗を乱すものとしてとめられたと聞かされた。

こうした広い町では、町民が一つの意識を持つための祭が必要になるが、この町にはそれがない。最近ふるさと祭が大豊中学校でおこなわれ、生花、茶、盆栽の会などを催し老人を迎えて慰安し、また昔の踊などを踊ったというが、こうした催しが住民の手によって定着することが望まれる。ただ祭の本来の意義はみんなが踊りくるって興奮し一体感を味わうことで、お行儀のよい祭は、こういった意味では祭ではない。そのことからも町内の古い祭をしらべあげてその競演会なども催すべきであろうと思う。そうしたとき、岩原地区の神楽などは重要な意義を持ってくることになろう。

とにかく同一の行政区に住む者が一体感を持つようになることがコミュニティ作りの根本でなければ

ばならない。

と同時に町内の民具調査、民具収集運動などもコミュニティ作りに重要な意義が感ぜられ、その成功が山村民がそこに住む自信を持つ鍵の一つになるのではないかと思う。そして人びとの腰がすわり連帯感を持ったところで何をなすべきかを考えてゆくべきであろうし、それはまたおのずから生まれるものでもある。

なお、この町では基幹産業として工業の導入を考え、その敷地を造成しているが、これについてはこまかくしらべる機会をもたなかった。

3　**大塔村**：この地域の現況についてはさきにのべたところであるが、われわれの調査の対象とした篠原には篠原踊、惣谷には惣谷狂言がのこっている。そして両部落とも杓子木地を重要な生業として来たのである。篠原はもと川瀬ともよび、篠原踊は川瀬踊ともいった。そして篠原から天川村の和田へこえる峠を川瀬峠といっている。

人が歩く以外には旅をする方法のなかった時代には、この峠をこえることはさほど苦にならず、天川の文化がこの峠をこえて入りこんで来たものと思われる、川瀬踊も惣谷狂言も天川でおこなわれていたのが峠をこえてこの地に定着し、天川の方では早くほろびてしまったということを聞いた。ところが自動車が発達すると、この峠を歩いてこえることは大変億劫になり、この峠が大きな障壁となって、篠原も惣谷も陸の孤島化してしまった。

もとは川瀬峠をこえて下市の町まで杓子を背負って売りにいったものである。そしてその頃は村に活気があった。それが陸の孤島視されるようになってから次第にさびれはじめたのである。この村々は天川へ直接つながる以外に発展の道はない。それには天川村和田との間にトンネルをぬく以外にないということになる。

天川村は大塔村の北にある。天ノ川に沿った東西に長い村である。谷の奥の方は下市に通ずる車道がひらけて活気があったが、谷のすそ、すなわち西の方は道がわるくさびれる一方であった。しかし谷筋の車道が五条新宿線の国道に結ばれることによって急にかわりはじめて来た。ここを訪れる人がふえて来たのである。天ノ川の谷は古く高野山と大峯山を結ぶ道すじであった。それが長い間、歩くだけの道であったためにさびれていったのだが、高野から大峯の下の洞川《どろかわ》まで車が通ずるようになると、この谷筋を通る客が急にふえて来た。そして民宿がふえ、村へ人が訪れはじめると都会へ出ていた青年が村へ帰るようになり、現在一〇〇名をこえる青年団が組織されているという。林業労働に従事するかたわら、民宿の経営などをおこない、さらに、来訪者に釣らせたり、食膳に供するためにアメマスの養殖を四ヵ所でおこなっているという。

おなじような現象は天川村の西の野迫川村でもおこっている。ここには青年は三〇人ほどいるに過ぎないが、それでも大塔村の一〇人よりは多い。そしてその三〇人が文化活動をはじめている。この村には民宿も四〇戸をこえるほどあり、アメマスの養殖場は二ヵ所ある。アメマスを釣るために訪れる人は多い。しかしそれだけでは能がないというので、青年たちが山の植物とその利用価値を村人に知らせるための文化祭、昔話の収集、絵葉書の発行などをはじめており、さらに自然公園をつくる運動もおこしている。来訪者がふえたということでこのような計画がすすみはじめたのである。

しかし篠原、惣谷では古い民俗芸能や木地技術を持ちながら、来訪者のないことと住民の減少でその維持もむずかしくなっている。

そこで考えられることは、第一に谷奥の行きどまりの集落を通りぬけの集落にすることである。この通りぬけ道は十津川筋への近道にもなって利用者は多いと思われる。

次にこういう集落にはその真中に人の集まり得る文化的な集会所もほしい。篠原の場合は集落の中を通る車道もまだひらけていない。したがって集落内の通行は坂道を上り下りする以外にない。しかも今集会所につかわれている小学校は谷底にある。

篠原踊も惣谷狂言も村人の精神的支柱であった。それがもう踊れないまでに人数が減少していたのが、今年は一三人の踊り手があった。これは女が踊る小歌踊である。いま一月に踊っているが、祭を春に移して日曜日などにおこなえば、この地を訪れる人もふえて来るのではないかと思われる。さらにこれを篠原だけのものにしないで天川の各集落の人の参加も促すことにして、村全体の踊にまで輪を拡げるなら、やがてそれは村まつりにまで発展できるのではないかと思う。それほど価値ある踊なのである。

そして、それが単なる保存だけでなく村発展の挺子の役割を果たすことにもなろう。そのためには女たちの集まる会館なども欲しくなる。

一方、この村を昭和四十三年に訪れたとき壺杓子を作って見せてくれた吉岡伴晴氏にその製作用具などを大事に保存しておくようお勧めしておいたところ、同氏は老人クラブを作って老人仲間で製作用具その他の民具三〇〇点を集めて保存している。老人クラブの集まりもこの民具収集を中心にしてずっと続いて来たといい、仲間の一人、和泉市三郎氏は壺杓子や柄杓子をまた作りはじめた。するとその需要者が出てくるようになったというから面白い。

惣谷の新子氏が狂言面や刳鉢を作っていることはさきにもふれた。これをほしがる人は少なくない。民具の全村あげての収集は、篠原のささやかな動きがもとになってひろがろうとしている。大切なことは全村民が一体となり得るようなコミュニティ作りの道を見出していくことで、それが人びとの心をおちつけ、さらにこれから何をしたらよいかを考えはじめる。

この場合、大切なことは村の中央に大きな山村振興センターを作るだけでなく、古くからの部落共同体のためのよき集会所を作ることである。

さて、天川村では民具収集保存は本格化していくであろうが、そのための指導が持続的におこなわれることが大切である。これは設備投資同様に必要なことであり、この場合の指導者は官側からの押しつけでなく、町村側からの要請に基づく人があたるべきであると思う。新生活運動協会は指定村に対して一定の補助金を交付し、指定村はそれによって指導者をまねいて指導を仰ぐという方法をとった。これは土地によってはかなりの効果をあげ、講師の一人であった松丸志摩三氏は地元の人に請われるままに宮崎県に定住してそこで死んだ。また岩手県北上山地の酪農も猶原恭爾博士が講師として指導にあたったことから発展を見つつある。山村の文化保持運動にも同様のことが言えるのではなかろうか。施設と同時に指導体制が考えられ、それが地元の要望と一致することがのぞましい。山村地域の文化保存に関するこの調査が昨年度からはじめられ、この地区を担任した保仙純剛氏が何回も入村して調査を進めていったことから少しずつ山村文化振興の道が見えはじめたのである。

4　**白鳥町石徹白**：この地では何よりも道路の整備が急がれる。年間一千万円の予算ではどうしようもない。これという産業をもたないこの地区では、ここへの来訪者をまずふやすようにする以外にない。この地には昭和四十七年に開発公社がつくられた。七人の仲間で七百万円の資本ではじめスキー場をひらいた。さらに夏季学生の勉強の村すなわち大学学生村を計画している。このような試みはすでに長野県で成功している。大豊町でもまたそれを考えはじめていて、山村としてはよい大学との結びつきがあれば成功するのではないかと思われる。しかし、それには慎重に計画をたてる必要がある。

この地には、建設大学校中央訓練所が文化開発のために入村し、この地に護摩壇を作り大護摩をたいたという。もともとあった古い行事の復興であるが、多くの登拝者があったという。くわしくはきいていないが、こうしたことを中心に大学校の学生諸君は村人との接触をふかめようとしている。ここでも文化指導体制の樹立が問題にされはじめている。

5　**田島町**：この地域にはすでに一つの底力がある。それは土地そのものの生産力の高さがあるからである。この地域と相沢韶男氏（昭和五十年のこの地域の調査担当者）が接触を持つようになったのは昭和四十二年であった。会津の屋根葺職人の調査にあるき、大内宿という昔の悌をそのまま残す宿場を見つけ、さらに田島町で民具を集めている人に出逢って以来である。田島町には昔の郡役所の古い庁舎が残っており、その建物が福島県の文化財に指定されたことから、ここを民俗資料館として使用することになった。しかし収蔵民俗資料の乏しさから、さらに多くを集める必要があるとして、武蔵野美術大学の学生がその調査指導にあたり、爾後今日までに一万点が集められた。この収集運動とは別個に田島町旧桧沢村針生の調査をはじめ、山村生活の実態をさぐろうとし、木地屋の人たちに接触を持つようになった。

さて、田島を通過する会津西街道には山王茶屋、糸島本陣、川島本陣、大内宿など旧藩政時代の交通に関する遺址も明らかになり、しかもその中には川島本陣のように崩壊寸前のものもある。会津西街道は脇街道ではあるが、これほどの遺址が残っているということで一括保存する要があるが、今町にはこれらを保存するだけの余力はない。しかしこれらのものが町村をこえて指導保護されることで、点としてでなく線としての文化財が浮かびあがり、いわゆる民俗の里の構想も可能になり、来訪者も多きを加えるのではないかと思う。そしてそのことによって木地業者たちもその生業で生活がたて得られるのではないかと思う。いわゆる民俗の里のイメージがそこに浮かび上って来るのである。

会津西街道が大名の通る道でなく、古い文化を求めてあるく人びとの道となることによって新しい山村再生の道がひらけるのではないかと思う。そのためには、文化遺址の整備、民衆生活用具あるいは記録の保存・展示、伝統工芸（木地）の復活、それにともなう物産販売場などが有機的に結びつくことによって、この山地の文化振興の展望がひらけて来るのではないかと思われる。

このような展望の展開は、すでに過去一〇年間この地域への調査やコンサルタント活動がなされていたからであって、ただこの久しい調査やコンサルタント活動には経済的な裏付けがほとんどなされなかったことによって、荒廃してゆく文化財も見られたのである。

6　大迫町：岳、大償の神楽

大償の神楽が国際的にも価値のあるものであることは、大償の神楽がすでに二回にわたって海外公演旅行をおこなったことでもわかる。これを保存してゆくためには外部の人の目にとまるような対策をとることで、それには公演旅行をおこなうことも大切であるが、地元における演技者の数をふやすこと、また地元へ外部の人たちを引きつけるような対策をとることである。それについては昭和五十年度のこの調査の報告に「民俗の里」の提言がなされていたが、一方では演技保持者たちの生活保障をどうするかが問題になって来る。生活の安定があれば後継者も育ってくる。それには生産基盤の整備も重要になってくるが、それればかりでなく文化施設も必要になってくる。文化施設は本来直接生産につながらないものである。即ち学校、図書館、博物館のようなものはそれで、とくに学校は人材を育成してこれを外に押し出す役目をしており、大塔村のごときは学校教育がそのまま村の衰退につながっている。しかし図書館や博物館あるいは文化センターのようなものはその地に残る者の教養に貢献するから長い眼で見れば地域社会の向上に役立つものになる。早池峯の麓に必要なものもこれらを温存する文化センターなどではなかろうか。そしてそれを中心にしてコミュニティ作りのために神楽の果たす役割も定着してくるのではないかと思う。

◇　◇　◇

山村文化振興の根本問題は、そこにおける生活のたて方のほとんどが肉体労働になっている現状の中へ、どのように知識労働をとり入れてゆくか、また知識労働者の定住する余地を作って行くかという対策につきるといっても過言でないと思う。
それにはいろいろの方法と手段がある。
1　そこにある自然をどのように教育とレクリエーションの場にしていくかということ。
2　地区内外の人びとの交流の場と設備を作ること。
3　山村生活の意味を反省する機会・設備をつくること。
4　民俗芸能や民具の保持対策もこの中に入るであろう。同時に伝統技術の生かされる場が必要になる。
5　山村民の教養機関をもっとふやすこと、図書館、郷土館をはじめ婦人のための教養娯楽施設。
6　そしてこれらを総合して新しい山村の生き方を見出していくこと。
などが考えられる。山村における知識労働の欠乏をどう是正してゆくか、今回の調査を一つの契機として山村の振興全体の問題として検討したいものである。

（『山村の地域文化保存について』（1）—昭和五十年度山村振興特別調査報告、財団法人山村振興調査会　『山村の地域文化保存について』（2）—昭和五十一年度山村振興特別調査報告、社団法人全国農業構造改善協会）

山と日本人　あとがき

田村善次郎

本書は宮本先生が雑誌その他に寄稿、掲載した山村や山を生活の場としてきた人々についての論考や報告を集めて一本としたものである。基本的には著作集その他の単著に未収録のものを原則としたのだが、必ずしもその原則は貫徹していない。「山の神楽」は『学海』三巻八号(秋田屋、昭和二十一年十一月)に掲載したものであるが、それを改訂して『民俗学への道』(岩崎書店、昭和三十年九月、昭和四十三年に改訂して著作集第一巻とする)に収録している。しかし本書には初出の『学海』掲載文を収録した。

「山と人間」は『民族学研究』三二巻四号(日本民族学協会、昭和四十三年三月)に掲載したものである。『民族学研究』のこの号は「山」特集号であった。この論文は日本民衆史の第二巻『山に生きる人びと』の第二版(昭和四十三年六月)の巻末に付録として収録されている。ちなみに『山に生きる人びと』の初版は昭和三十九年一月発行である。「山と人間」を『山に生きる人びと』に収録するにあたって、その文末に次のような付記をつけている。「この一文は『民族学研究』三二巻四号特集「山」にのせたものである。本文に重複するところも多いが、山の文化の根源がどういうものであったかを考えて来つつ、なかなかまとまったイメージを得るにいたらなかったが、最近右のように考えをまとめて見た。その実証は今後にあると思っている。（後略）」

「山と人間」は「日本に山岳民とよばれる平地民とはちがった民族が存在したかどうかということについて、私は長い間いろいろ考えて見て来つつ、最近までそのまとまったイメージについて頭に描いてみることができなかった。しかしごく最近になって、やっとある推定をもつことができるようになった。」という書き出しではじまっている。『山に生きる人びと』では「山に生きた者と水田耕作を中心にして生活をたてた者との間にはたしかにもとかなりの差が見られた。」（一九二頁）と記しているのだが、その「山に生きた者」を山岳民とよび、焼畑耕作にはじまる畑作を中心とする畑作民と規定し、その文化は水田耕作を中心とする平地の稲作民の文化とは系譜の異なるものとしている。畑作民のそれは縄文文化の系譜を継ぐものと見ているのである。

「消えゆく山民」は昭和三十五年に『日本残酷物語』第二部のために書いたものであるが、これと昭和三十九年の『山に生きる人びと』、昭和四十三年の「山と人間」をならべてみると宮本先生の思考の推移がおぼろげながら浮かび上がってくる。

宮本先生は、日本文化が純粋培養された単一のものではなく、様々な系譜をもつ文化の複合によって成り立っているという考えを、かなり早くから持っておられた。そのことは先生の数多い著作からうかがい見ることが出来るのだが、それを明確なかたちで表したのはこの「山と人間」が最初のものではないかと思う。そしてこれは日本観光文化研究所の所長講義、日本文化形成史として昭和五十四年七月からほぼ毎月一回、二時間程度話していく中で修正をくわえられ、練り直され、壮大な宮本版日本文化形成史として実を結ぶ筈であった。しかし残念なことにそれは昭和五十五年九月四日の第一一回を最後に中断してしまった。遺著となった『日本文化の形成』（講談社学術文庫）はそのはじめの部分である。

「山村の地域文化保存について」は昭和五十・五十一年度の二年にわたっておこなった調査報告の宮本先生によるまとめである。この調査は五十年度は山村振興調査会から委託をうけてのものであり、翌年度は山村振興調査会が解散したため全国農業構造改善協会からの委託になっている。宮本先生が主査として責任を負い、日本観光文化研究所の所員、同人がこれまでに何らかの形で関係のあった土地を中心に調査を行っている。これを本書に収録しようと考えたのは、山村についての宮本先生の見方、調査の姿勢が具体的に示されており、また問題点の把握と、それに対する宮本先生なりの解決策が提示されているからである。学問研究は実践を伴うべきである、あるいは実践は学問研究に基礎をおいてその上になりたつべきであるというのが宮本先生の変わらぬ姿勢であった。

『宮本常一　山と日本人』収録論考　初出一覧

修験の峯々
「あるくみるきく」五九　日本観光文化研究所　昭和四十七年十月

魔の谷・入らず山
『日本人物語』五－秘められた世界　毎日新聞社　昭和三十七年三月

消えゆく山民
『日本残酷物語』二－忘れられた土地　平凡社　昭和三十五年一月

狩猟
『郷土研究講座』四－生業　角川書店　昭和三十三年三月

陥穴
『霧ヶ丘』武蔵野美術大学考古学研究会　昭和四十八年十月

木地屋の漂泊
「岩波講座　日本歴史月報」一二　岩波書店　昭和五十一年四月

山村を追われる者
「展望」一六六　筑摩書房　昭和四十七年十月

山と人間
「民族学研究」三二－四　日本民族学会　昭和四十三年三月、『山に生きる人々』（日本民衆史　二）の第二版巻末に付録として再録

身を寄せ合う暮らし
中部日本新聞　昭和三十五年七月五日「日本の周辺と尾根」一

豊松ぶらぶら
「あるくみるきく」六八　日本観光文化研究所　昭和四十七年十月
「豊松逍遙」と改題

信州路　「庭」四二　建築資料研究社　昭和五十三年十月　「信濃路」と改題

山の神楽　「学海」三－八　秋田屋　昭和二十一年十一月

山村の地域文化保存について　『山村の地域文化保存について』（1）・（2）、山村振興調査会・全国農業構造改善協会　昭和五十年度・五十一年度

著者
宮本常一（みやもと・つねいち）
1907年、山口県周防大島生まれ。
大阪府立天王寺師範学校専攻科地理学専攻卒業。
民俗学者。
日本観光文化研究所所長、武蔵野美術大学教授、
日本常民文化研究所理事などを務める。
1981年没。同年勲三等瑞宝章。

著書：「日本人を考える」「忘れられた日本人」

「日本の年中行事」「日本の宿」

「山の道」「川の道」「伊勢参宮」

「庶民の旅」「和泉の国の青春」

「旅の手帖〈村里の風物〉」

「旅の手帖〈ふるさとの栞〉」

「旅の手帖〈庶民の世界〉」

「旅の手帖〈愛しき島々〉」

「忘れえぬ歳月〈東日本編〉」

「忘れえぬ歳月〈西日本編〉」

「歳時習俗事典」など。

宮本常一　山と日本人

2013年 5月15日　初版第1刷発行

著　者　宮本常一
編　者　田村善次郎
発行者　八坂立人
印刷・製本　モリモト印刷(株)

発行所　(株)八坂書房
〒101-0064 東京都千代田区猿楽町1-4-11
TEL.03-3293-7975　FAX.03-3293-7977
URL.: http://www.yasakashobo.co.jp

ISBN 978-4-89694-154-8

伊勢参宮〈増補改訂版〉

日本人はなぜ伊勢参りをするのか。宮本常一が中心となり、伊勢信仰関係の資料を蒐集、整理、解読、検討し、それをまとめた「伊勢神宮の歴史」「伊勢講の変遷」「伊勢参宮の変遷」に、未発表の「伊勢信仰の話」を新たに加え、民衆と伊勢信仰の実相を究明する。

２０００円

日本の年中行事

日本各地には多くの行事がある。本書では青森・東京・奈良・広島・山口を例に取り、その土地の人々の思い、伝統・文化を見てゆく。その地域ならではのもの、離れた場所なのに似通ったもの、そのときどきの食事や行動など、５つの地域を見較べると見えてくる日本の文化がそこにある。「農家の一年」「休み日」についての論考を併録。

２８００円

飢餓からの脱出

《宮本常一の未発表未完原稿！》日本人はいかにして食糧を得てきたのか。日本中をくまなく見て歩いた宮本ならではの、各地に例を挙げた考察は、稲作を中心とした日本の食の歴史をわかりやすく解説するだけにとどまらず、それにまつわる年中行事や暦、農業経営や漁業技術、海と山の関係や交易にいたるまで多岐にわたる。

２０００円

（価格は本体価格）